W0387799

Don Bosco

Eva Reuys / Hanne Viehoff

Jetzt kommen wir!

Ideen und Spiele für die 1- bis 3-Jährigen

Wir erforschen unsere Welt

Don Bosco

Jetzt kommen wir!

ISBN 978-3-7698-1570-2

ISBN 978-3-7698-1571-9

ISBN 978-3-7698-1590-0

Bibliografische Information der Deutschen Nationalbibliothek

Die Deutsche Nationalbibliothek verzeichnet diese Publikation in der Deutschen Nationalbibliografie; detaillierte bibliografische Daten sind im Internet über http://dnb.d-nb.de abrufbar.

ISBN 978-3-7698-1589-4
2., überarbeitete Auflage 2008

Umschlag: Margret Russer
Umschlagfoto: P. Gregorz Gugala SDB
Illustrationen: Antje Bohnstedt, Waldbronn
Notensatz: Nikolaus Veeser, Schallstadt
Lithos: Camscan, Stiefenhofen
Satz: undercover, Augsburg
Druck: Don Bosco Druck & Design, Ensdorf

Gedruckt auf umweltfreundlichem Papier

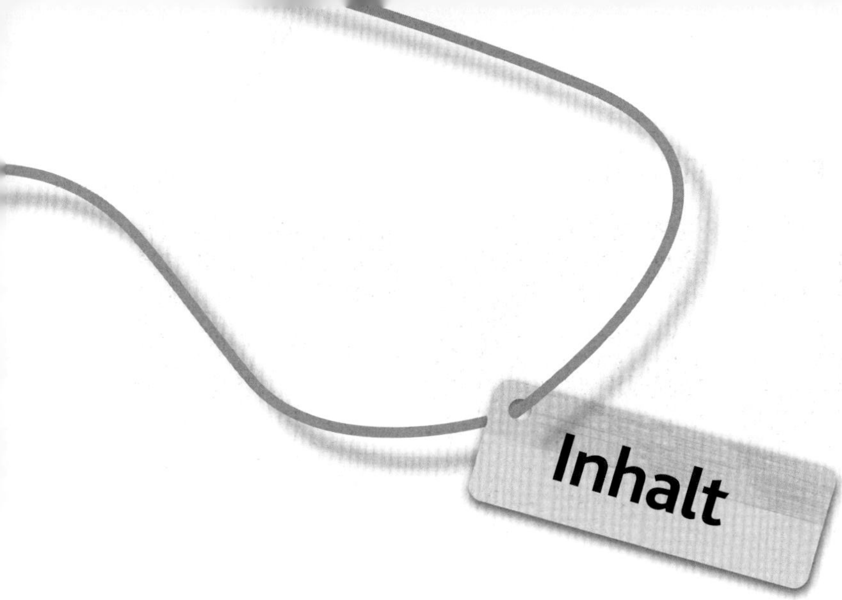

Inhalt

Ein Wort zuvor

Schritt für Schritt erobern sich Kinder ihre Welt. Mit Händen und Füßen, Ohren, Augen und Mund gehen die kleinen Forscher Tag für Tag auf Entdeckungsreise. Immer wieder wird Neues gewagt, verstanden und bewusst gemacht. Nie wieder finden so viele Lern- und Entwicklungsschritte statt wie in den ersten Lebensjahren.

Wenn Kinder all ihre Sinne entfalten können, verfeinert sich ihre Wahrnehmung und schärft sich ihr Verstand. Eine liebevolle, das Kind bejahende Umgebung bietet die beste Motivation für spielerisches Lernen. Dabei kann jede Alltagssituation auch eine Lernsituation sein, egal ob beim Essen, Baden oder beim gemeinsamen Spazierengehen. Das Kind findet immer etwas, das seine Neugierde weckt und genauer untersucht werden will. Das kann der Inhalt der Küchenschublade sein, die aus- und wieder eingeräumt wird oder die Regenwürmer und Schnecken, die nach einem regnerischen Tag draußen zu sehen sind.

Wir möchten Sie mit unserem Buch anregen, so viel sinnliche Abwechslung wie möglich in den Kinderalltag einzubauen und den Kindern Erlebnisräume zum Erforschen zu verschaffen. Unterschiedliche Materialien und Spiele regen dazu an, mit den Augen die Welt der Bilder mit ihrer Formen- und Farbenvielfalt wahrzunehmen. Tastspiele mit Händen und Füßen helfen die Dinge zu „begreifen". Der Hörsinn wird verfeinert durch Horch- und Leisespiele und großen Spaß macht es den Kleinen, nach Herzenslust herumzuscheppern und Lärm zu machen. Frühzeitige Geruchs- und Geschmackserlebnisse bereiten den Weg zur Erlebnis- und Genussfähigkeit.

Vielseitige Sinneserlebnisse bieten sich dort, wo Wasser im Spiel ist. Wasser erfrischt, es macht nass, ist kalt, warm oder heiß. Wasser gluckert, plätschert, fließt, man kann es riechen und schmecken. Kinder genießen das Nass und viele sind begeisterte „Wasserratten". Und in der kalten Jahreszeit freuen sich Kinder auf Schnee und Eis, die noch weitere interessante Möglichkeiten zum Spielen bereithalten.

Auch Sand gehört zu den Spielmaterialien, die aufgrund ihrer Vielfältigkeit zum fantasievollen Spielen, Erforschen, Experimentieren und Gestalten anregen. Hingebungsvoll schaufeln, graben, schütten und matschen die Kleinen am Strand oder im Sandkasten. Die meisten Spiele erfinden sie selbst, ganz ohne Anleitung von Erwachsenen. Gelegentliche Spielanregungen und ungewöhnliche Materialien spornen jedoch zu neuen, fantasievollen Spielen an.

Wir wünschen Ihnen und den Kindern viel Spaß beim Ausprobieren, Entdecken und Erforschen. Lassen Sie sich von unserem Buch anregen für eigene kreative Ideen, die unsere Angebote weiter entwickeln und ergänzen mögen.

Wie Sie mit diesem Buch arbeiten können

Unser Buch wendet sich an Eltern, an Leiter von Eltern-Kind-Gruppen, Krabbelgruppen und Spielkreise, die sich regelmäßig einmal wöchentlich mit Kindern und Müttern treffen, sowie an Erzieherinnen in Kinderkrippen und Kindergärten.
Im ersten Teil des Buches geben wir Ihnen vielerlei Anregungen, wie Sie gezielt den Seh-, Tast-, Hör-, Geschmacks- und Geruchssinn bei kleinen Kindern fördern können. Im Anschluss daran finden Sie viele Ideen mit Spielmaterial, das Kinder besonders lieben. Dazu gehören bekanntlich Wasser und Sand. Diese Materialien sprechen alle Sinne an und ermöglichen den Kindern, eigene Ideen zu verfolgen.

Unser Buch zeigt Ihnen, wie Sie mit wenig Aufwand Spielzeug herstellen. Das dafür benötigte Material ist im eigenen Haushalt, auf Baumärkten oder im einschlägigen Fachhandel zu finden.
Wir haben bewusst auf Angaben zum Entwicklungsstand und zur Gruppenzusammensetzung verzichtet. Nicht alle Kinder im gleichen Alter sind auf derselben Entwicklungsstufe. Hinzu kommt, dass in Spielgruppen in der Regel Kinder unterschiedlichen Alters zusammen sind. Bei allen Gruppenaktivitäten können sowohl ältere Kinder als auch Erwachsene mitmachen. Einige Angebote eignen sich besser für ein oder zwei Kinder, andere machen gemeinsam mit anderen mehr Spaß. Viele Anregungen, die für Kleinkinder gedacht sind, eignen sich auch für ältere Kinder.

Wer in Familie, Spielgruppe oder im Kindergarten täglich kleine Kinder erlebt, entwickelt ausreichend Gespür dafür, was das Kind augenblicklich an Förderung für seine Entwicklung braucht. Eltern und Erzieherinnen können auch einschätzen, wie viel Selbstständigkeit sie beim Kind zulassen können und wann Hilfe und Unterstützung unerlässlich sind.

Unser Buch ist voll von kreativen, leicht umsetzbaren Ideen und es ermöglicht Ihnen ein gezieltes Suchen nach thematischen Anregungen. Alle Ideen sind vielseitig einsetzbar: im täglichen Zusammensein mit dem Kind oder der Gruppe, bei kleinen themenorientierten Projekten oder bei einem von Ihnen geplanten Kinderfest.

Sinne erschließen uns die Welt

Schon lange, bevor das Baby auf die Welt kommt, sind die einzelnen Sinne angelegt. Von Anfang an empfängt das Neugeborene zahlreiche Impulse, die es anregen und dem Kind helfen, sich weiterzuentwickeln. Sinnesreize werden über Nervenverbindungen zum Gehirn weitergeleitet, dort verarbeitet und gespeichert. So kann sich ein individuelles Erfahrungsmuster knüpfen, auf das man ein Leben lang zurückgreifen kann. Unsere Sinne sind eng mit dem Gefühlsleben gekoppelt. Alles, was von uns positiv wahrgenommen wird, verschafft uns Wohlbehagen und Freude an den schönen Dingen des Lebens und ermöglicht uns einen Zugang zur Welt der Musik, Kunst und der uns umgebenden Natur.

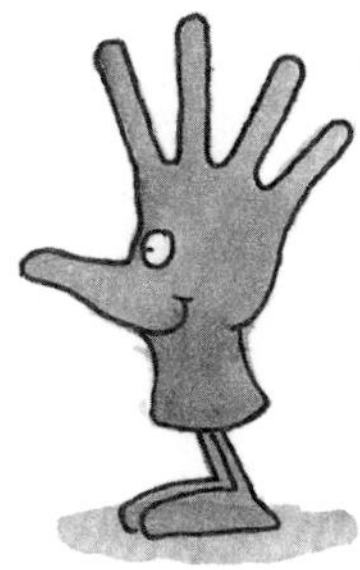

Mit den Händen begreifen – mit den Füßen verstehen

Kinder wollen Dinge anfassen, denn nur durch Greifen begreifen sie. Obwohl sich der Tastsinn über den ganzen Körper verteilt, sind Mund und Hände besonders sensibel, denn hier sitzen die meisten Berührungssensoren.

Im Lauf der Zeit lernen Kinder, ihre Hände immer genauer zu steuern. Mit drei, vier Monaten packen sie gezielt zu und erforschen die Welt – Mamas Haare oder Schmuck, die Spielkette, die über den Kinderwagen gespannt ist. Unermüdlich erkunden die kleinen Forscher ihre Umgebung. So fühlt sich der Ball an, so ein Luftballon und das ist eine Babybürste! Sobald sich das Kind krabbelnd und laufend fortbewegen kann, erweitert sich sein Aktionsradius. Vieles ist noch neu und deshalb besonders interessant. Alles Erreichbare wird in die Hände genommen oder in den Mund gesteckt. Aber auch die Fußsohlen sind sensibel und empfänglich für das, was sie erspüren.

Die Ohren aufsperren

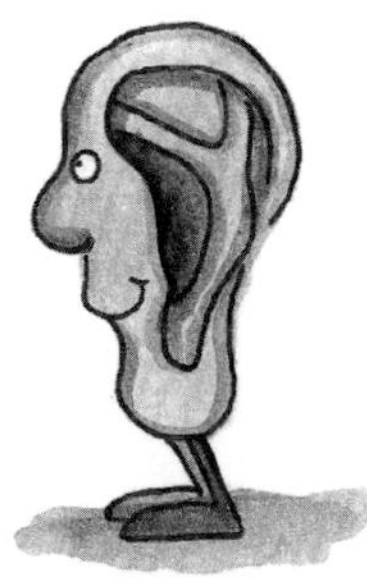

Das Kind muss sich zunächst in der Welt des Hörens und der Geräusche zurecht finden. Ein Baby kann in seinen ersten Lebensmonaten noch nicht verstehen, welche Bedeutung dieses oder jenes Geräusch hat, da das Gehirn noch nicht so weit entwickelt ist.

Im ersten Lebensmonat erschrickt der Säugling bei lauten Geräuschen, lässt sich aber durch die sanfte Stimme der Mutter beruhigen. Zunächst

hören Babys hohe Töne besser als tiefe. Ganz instinktiv benutzen Erwachsene, aber auch Geschwister eine erhöhte Stimmlage, wenn sie sich mit dem Baby unterhalten. Diese kommt mit ihrem weichen und melodischen Klang, mit den vielen, sanft klingenden Vokalen A, E, I, O und U dem Singen sehr nahe.
Für Babys ist alles was klingelt, raschelt, knattert und piept von besonderem Interesse. Beginnt das Kind zu krabbeln und zu laufen, ist nichts mehr vor ihm sicher. Es schlägt begeistert Gegenstände aneinander, klopft darauf und erzeugt mit Wonne scheppernde und klappernde Geräusche.
Insgesamt dauert es etwa anderthalb Jahre, bis alle Nervenverbindungen vom Ohr zum Gehirn geknüpft sind und das Kind gelernt hat zu hören und zu verstehen. Werden Kinder gezielt zum Hören hingeführt, faszinieren nicht nur die lauten, sondern auch die leiseren Töne. Sanfte Musik, das Meeresrauschen einer Muschel am Ohr, Vogelgezwitscher im Park oder Horch- und Leisespiele tragen dazu bei, dass Kinder zur Ruhe kommen und diese auch genießen können.

Mit den Augen Neues entdecken

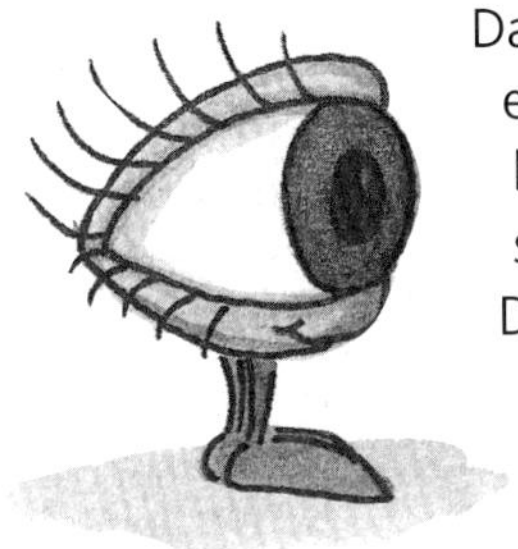

Da die Augen eines Neugeborenen noch nicht voll entwickelt sind, sieht es unscharf. Babys unterscheiden gut Hell und Dunkel und klare Farben. Anfangs ist das dreidimensionale Sehen davon abhängig, dass sich die Dinge bewegen.
Der Sehsinn hat einen wesentlichen Einfluss auf die motorische Entwicklung des Kindes. Ohne diesen würde sich das Kind an Gegenständen häufig stoßen und über Hindernisse stolpern.
Sehen regt auch die Sprachentwicklung an. Ein Kind lernt zuerst die Worte von Dingen, die es sieht und die sein Interesse erwecken. Kinder, die gelernt haben, genau hinzuschauen, sammeln und verarbeiten viele Informationen, welche die geistige Entwicklung vorantreiben.

Mit der Nase Gerüchen auf der Spur

Das Neugeborene erkennt seine Mutter nicht nur über den Klang ihrer Stimme, sondern auch über ihren individuellen Duft – und umgekehrt: Auch die Eltern können ihr Kind innerhalb einer Gruppe von Babys leicht mit der Nase identifizieren und das mit geschlossenen Augen. Der vertraute Körpergeruch schenkt dem Kind Wohlbehagen und Geborgenheit. Anfangs sind für das Baby alle Gerüche neutral, da es noch nicht zwischen guten und schlechten Düften unterscheidet. Dies muss es im Laufe der Zeit erst lernen.
Bei Kindern, die bewusst an das Riechen herangeführt werden, vermehren sich die Riechzellen in der Nasenschleimhaut. Und je mehr davon vorhanden sind, desto mehr Duftnoten kann das Kind wahrnehmen.
Es geht also darum, nicht nur hinzuschauen, hinzuhören, sondern auch hinzuschnuppern. Ist der Geruchssinn sensibilisiert, kann das Kind, wann immer es will, in die Welt der Düfte eintauchen und diese genießen.

Auf den Geschmack kommen

Bereits beim Baby ist der Geschmackssinn voll entwickelt. Es kann süß, sauer, salzig und bitter wahrnehmen. Die Vorliebe für Süßes ist dem Menschen angeboren. Das hat die Natur so eingerichtet, da Zucker und Kohlenhydrate wichtig sind, um sich gut zu entwickeln.
Auch die Muttermilch hat immer eine süße Geschmackskomponente. Noch eine weitere Vorliebe ist in uns angelegt – die für salzige und gewürzte Speisen. Sie halten unseren Elektrolythaushalt stabil.
Im Zusammenspiel mit dem Tast- und Temperatursinn der Zunge und der Wahrnehmung des Geruchs einer Speise entfalten sich noch weitere Geschmacksnuancen.

Schauen und Staunen

Im ersten Lebensjahr schläft das Kind noch einen großen Teil des Tages. Zu den Zeiten des Wachseins möchte es aber beschäftigt sein und mit seinen Augen auf Entdeckungsreise gehen. Ein am Bettchen befestigter Luftballon, der auf- und abschwebt, ein Mobile, das bei jedem Lufthauch hin und her tanzt, wecken beim Baby wahre Begeisterung. Spielzeug, das sich bewegt, regt das Kind zudem zum Drehen des Köpfchens und zum Hinterherschauen an.
Mit wachsender Mobilität kann das Kind die Welt aus verschiedenen Blickwinkeln wahrnehmen und sich in ihr orientieren. Voller Entdeckungslust untersucht es interessante Dinge in seiner Umgebung und freut sich über die Formen- und Farbenvielfalt, die es im Raum und draußen in der Natur zu erkunden gibt. Das Kind ist noch fähig zu staunen, wenn es mit der Lupe einen Regenwurm, eine Blüte oder ein knorriges Aststück betrachtet. Es ist gut, wenn sich Kinder visuell auf etwas einlassen und Einzelheiten konzentriert wahrnehmen können. Aufmerksames Schauen öffnet die Augen für alles Schöne und die Wunder der Natur. Das Leben wird dadurch reicher und bunter.

Luftballonmobile

Das brauchen Sie:
Kleiderbügel aus Holz, farbige Bänder unterschiedlicher Länge, ca. 7 Luftballons, Deckenhaken, Schnur zum Aufhängen.

So wird's gemacht:
Bänder auf die gewünschte Länge kürzen. Luftballons aufblasen, verknoten und mit Band versehen. Bänder mit Luftballon am Kleiderbügel so befestigen, dass jeder Ballon in unterschiedlicher Höhe daran baumelt. Am Haken des Bügels Schnur anbringen und am Deckenhaken aufhängen.

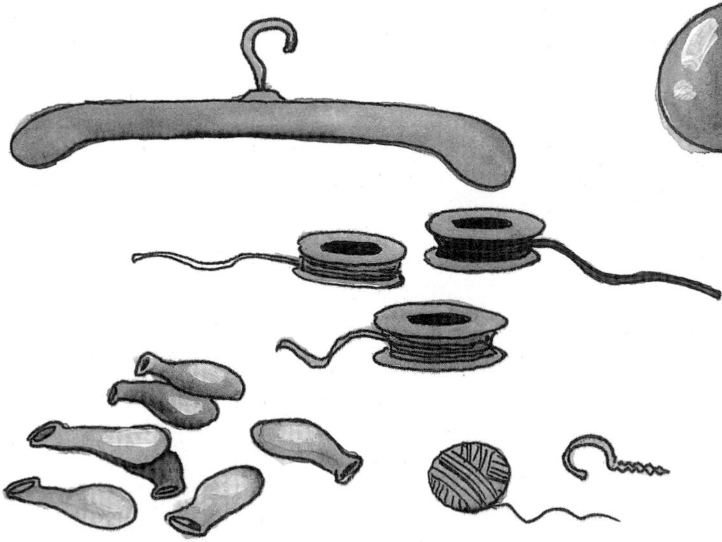

Perlenbänder

Frei herabhängende Perlenbänder regen zum Schauen und Betasten an. Mit den Händen können sie zum Schwingen und Klingen gebracht werden, da die Holzperlen bei jeder Bewegung gegeneinander klicken.

Das brauchen Sie:
Große Holzperlen in verschiedenen Formen, mehrere Stoffbänder von etwa 70 cm Länge, ein rundes Kuchengitter, eine Schnur zum Aufhängen.

So wird's gemacht:
Knüpfen Sie in regelmäßigen Abständen von etwa 10 cm Holzperlen in jedes Band. Verteilen Sie die Bänder gleichmäßig über das Kuchengitter und verknoten Sie die Enden am Gitter. Nun muss sich nur noch ein geeigneter Platz finden, an dem das Perlenspiel, mit einer Aufhängeschnur versehen, von der Decke baumeln kann.

Tanzende Murmeln

Ein Spielzeug zum Tasten, Hören und Schauen. Fasziniert verfolgt das Kind die umher rollenden Murmeln oder Perlen und lauscht auf die Geräusche, die es produziert.

Das brauchen Sie:
Transparente Kugel aus Acryl (Bastelbedarf), Murmeln oder Perlen aus Glas, farbiges Gewebeklebeband.

So wird's gemacht:
Füllen Sie in eine der Kugelhälften Murmeln oder Perlen. Geben Sie dann die zweite Kugelhälfte darauf und verbinden Sie beide rundherum mit dem Gewebeband.

Tipp: Die Kugel kann auch an einem Deckenhaken über dem Bettchen ihren Platz finden. Mit einem an der Öse befestigten Hutgummi oder einer Spiralfeder schwingt die Kugel auf- und ab.

Flaschenzauber

Neugierig wird das Kind die Zauberflasche begutachten, sie schütteln, auf den Kopf stellen und voller Staunen beobachten, wie die Teilchen fast schwerelos im Wasser schweben.

Das brauchen Sie:
Leere, durchsichtige ½-Liter Plastikflasche mit Schraubverschluss, Wasser, Glycerin (Apotheke), Glitter, extrastarken Kleber.

So wird's gemacht:
Füllen Sie in die Flasche Leitungswasser und geben sie ca. drei Esslöffel Glycerin dazu. Dieses sorgt dafür, dass die Glitzersternchen im Wasser schweben. Zu dieser Mischung aus Wasser und Glycerin geben Sie ca. 1 Löffel voll Glitzersternchen, -monde, Pailletten oder Glimmer. Verschließen Sie die Flasche sicher, indem Sie den Verschluss innen mit Kleber bestreichen, bevor Sie ihn auf den Flaschenhals schrauben.

Tropfenschleier

Dieses faszinierende Farbenspiel beeindruckt Kinder und Erwachsene gleichermaßen. Füllen Sie ein hohes Glas oder eine Glasvase mit Wasser und lassen die das Kind mit einer Pipette etwas Tinte in das Glas tröpfeln. Die Tropfen bilden Spiralen und Schleier, die in Zeitlupe nach unten sinken. Sie lösen sich auf und färben schließlich das Wasser hellblau. Versuchen Sie es auch einmal gleichzeitig mit einem Tropfen blauer und roter Tinte und beobachten Sie zusammen mit den Kindern, was geschieht, wenn sie zur selben Zeit ins Wasser fallen.

Durch die rosa Brille

Alles erscheint an einem regnerischen Tag grau in grau? Dagegen können Sie etwas tun! Kleben Sie eine farbige Folie auf eines der Fenster. Die Wirkung ist verblüffend – die Farben draußen verändern sich. Scheint dann doch noch die Sonne durch das Fenster, zeigt sich ein buntes Rechteck im Raum. Testen Sie mit den Kindern die Wirkung unterschiedlicher Farben. Erstaunt werden sie feststellen, dass ein blaues Auto durch eine gelbe Folie betrachtet, grün und durch eine rote Folie lila erscheint.

Variation:
Aus Folie und festem Karton können Farbbrillen für die Kinder gebastelt werden.

Fenstermosaik

Es lohnt sich, leere Blisterpackungen von Tabletten aufzuheben. Aus ihnen kann ein farbenfrohes Mosaik entstehen, das an der Fensterscheibe besonders gut zur Geltung kommt.

Das brauchen Sie:
Für das Mosaik: Blisterpackungen mit transparenten Tablettenmulden. (für kleine Kinderhände eignen sich die großen Mulden von Lutschpastillen), Fingerfarben, Kleber, Schere, ein Gefäß mit Wasser und ein Lappen zum Reinigen der Hände.
Für den Rahmen: Plakatkarton, Kleber, Schere, Alufolie, Hologrammfolie, Spiegelfolie, Glitzersternchen, Konfetti usw.

So wird's gemacht:
Die Folie über den Tablettenmulden entfernen. Mit dem Finger Farbe in die Mulden tupfen. Blisterpackungen an den Rändern mit Kleber verbinden, so dass ein großes mosaikartiges Bild entsteht. Aus Fotokarton einen passenden Rahmen schneiden. Diesen mit den Kindern nach ihren Vorstellungen mit Stückchen von Folie, Sternchen, geknüllter Alufolie, Konfetti und Ähnlichem verzieren. Mosaikbild einrahmen und am Fenster befestigen.

Mit dem Fernrohr auf Entdeckungsreise

Wenn wir durch eine Pappröhre schauen, sehen wir nur einen winzigen Ausschnitt. Alles, was wir durch die Öffnung sehen, wirkt groß, weil wir es genau wahrnehmen und uns die Umgebung nicht ablenkt. Kinder haben Spaß daran, eine Pappröhre als Fernrohr zu benutzen. Sie schauen sich damit gegenseitig an und entdecken die Nase, das Auge, das Ohr

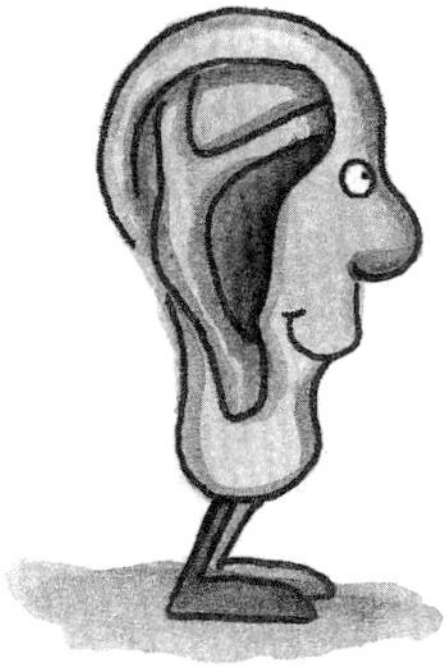

oder ein anderes Körperteil von ihrem Gegenüber. Im Zimmer oder auch draußen gehen sie auf Entdeckungsreise. Besonders attraktiv ist das Fernrohr, wenn die Pappröhre (z. B. von Küchenkrepp) mit einer Hologrammfolie beklebt wird. Manche Kinder haben vielleicht auch Spaß daran, sich eine durchsichtige Farbfolie auf das Guckloch zu kleben, um die Welt auch in Gelb, Rot oder Blau bewundern zu können.

Zauberspiegel

Für Kinder ist es wahre Zauberei. Das Püppchen, das vor zwei im rechten Winkel aufgestellten Spiegeln sitzt, ist viermal darin zu sehen.

Das brauchen Sie:
2 Spiegelfliesen, Gewebeband, Püppchen oder andere kleine Gegenstände wie Playmobilfiguren, Knöpfe, Bausteine.

So wird's gemacht:
Die Spiegelfliesen werden im rechten Winkel aufgestellt und mit einem Gewebeband auf der Rückseite verbunden.

Spielanregung:
Der „Zauberspiegel" wird auf den Tisch gestellt. Nun kann das Kind spielen und experimentieren: Alles, was es zwischen die beiden Spiegelflächen legt oder stellt, sieht es zu seiner Überraschung nun mehrfach.

Unter die Lupe genommen

Für viele Kinder ist es ein Erlebnis, kleine, unscheinbare Dinge durch ein Vergrößerungsglas plötzlich ganz groß und in allen Einzelheiten zu sehen. Oft ergibt sich die Gelegenheit dazu aus Alltagssituationen, z. B. wenn ein

Apfel halbiert wird, in dem ein Wurm haust. Eine Lupe ist schnell herbei geholt und man kann das kleine Tierchen genau beobachten.
Im Gruppenraum einer Kindertagesstätte kann aber auch von Zeit zu Zeit ein Tisch vorbereitet werden, auf dem interessante Fundstücke wie z. B. ein schön gemusterter Stein, ein Schneckenhaus, eine Blüte, eine Baumfrucht, eine Wurzel, ein knorriges Aststück oder ein Blatt liegen. Mit dem Vergrößerungsglas können die Kinder alles genau betrachten und bestaunen.

Lichterjagd mit der Taschenlampe

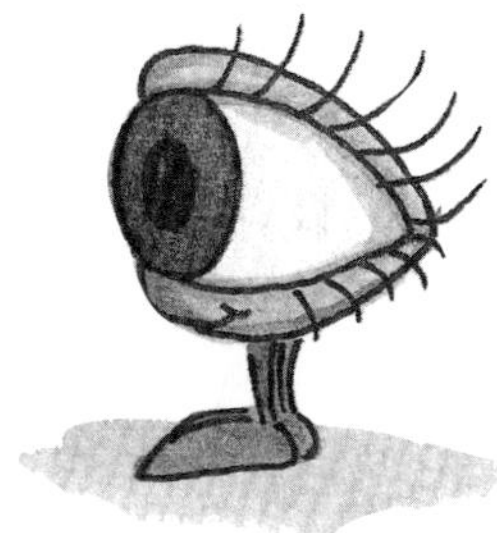

Die Begegnung mit der Dunkelheit im gemeinschaftlichen Spiel hilft ängstlichen Kindern, positive Gefühle zu entwickeln und Ängste abzubauen. Dieses Spiel bringt die Gruppe in Bewegung und macht zudem einen Riesenspaß.

Das brauchen Sie:
Mehrere Taschenlampen.

Spielanregung:
Verstecken Sie zunächst die Taschenlampe unter Ihrem Hemd oder Pullover. Die Kinder werden das Licht bemerken und neugierig sein, was Sie da mitgebracht haben und es sicher genauer untersuchen wollen. Lassen Sie das Licht der Taschenlampe durch den Raum spazieren. Gebannt werden die Kinder mit den Augen dem Lichtkegel folgen und es bedarf sicher keiner großen Aufforderung, auf die Jagd nach dem Licht zu gehen. Das macht Spaß und bringt die Kinder in Bewegung. Nach einer kleinen Erholungspause kann man dann weitere mitgebrachte Taschenlampen ins Spiel bringen. Zaubern Sie gemeinsam mit den Kindern einen Sternenhimmel an die Decke oder lassen Sie einen Lichtkegel den anderen jagen.

Zuordnungsspiel: Welcher Deckel passt da?

Das brauchen Sie:
Saubere leere Gläser und/oder Döschen mit unterschiedlich großen Schraubverschlüssen.

Spielanregung:
Zu den Gläsern und Döschen wird jeweils der passende Deckel gelegt. Zunächst ist es die Aufgabe, den Deckel auf den dazu gehörenden Behälter zu schrauben. Das erfordert einiges an Geschicklichkeit. Schwieriger wird die Sache, wenn die Schraubdeckel durcheinander gemischt aufliegen. Nun probiert das Kind, welcher Deckel auf welchen Behälter passt. Dabei lässt es sich von so manchem Irrtum nicht abhalten und wird es immer wieder aufs Neue versuchen.
Tipp: Beginnen Sie zunächst mit wenigen Behältern. Beherrscht das Kind die Aufgabe, können weitere dazu kommen.

Mit Händen und Füßen sehen

Kinder tasten und befühlen mit ihrem ganzen Körper. Das geschieht mit den Händen und Fingern, dem Mund, den Füßen und Zehen. Tausende von Sensoren auf der Haut melden dem Gehirn, ob sich etwas rau, glatt, weich, fest, flüssig, schwer, leicht, heiß, kalt, angenehm, unangenehm oder schmerzhaft anfühlt. Besonders sensibel sind Fingerspitzen, Lippen, Zunge, die Zehen, die Fußsohlen und die Nasenspitze.
Den Tastsinn können Sie gezielt fördern, wenn Sie dem Kind die Möglichkeit geben, vielseitige Erfahrungen mit ganz unterschiedlichen Materialien zu sammeln. Ein gut entwickelter Tastsinn und eine größere Finger- und Handgeschicklichkeit sind eine gute Voraussetzung für das spätere Schreibenlernen.
Besonders sensibel sind auch unsere Fußsohlen. Das spüren wir, wenn wir über Steine oder Gras laufen. Kinderfüße stecken meist in Strümpfen und Schuhen und so mangelt es ihnen an Bewegungsfreiheit, Tast- und Fühlerlebnissen. Umso wichtiger ist es, für die Kinder Orte zu finden, wo das barfuß Laufen gefahrlos möglich ist. Kinder mit intensiven taktilen Sinneserlebnissen lernen mit Händen und Füßen zu „sehen".

Tastkissen

Wenn Sie ein Spielzeug mit Perlen, Erbsen, Kirschkernen oder Ähnlichem füllen, achten Sie darauf, dass Ihr Kind die kleinen Sachen nicht herausnehmen kann. Auch Knöpfe u. a. sollten immer besonders sorgfältig befestigt sein.

Eine einfache Kissenhülle kann mit wenigen Handgriffen und einigen Materialien zu einem Tastkissen umgewandelt werden und lustvolle Sinneserfahrungen ermöglichen. Nähen Sie auf der Kissenhülle einige verschiedenartige Knöpfe, ein paar Schellen, Holzperlen und einen Gardinenring so fest an, dass sie nicht abgerissen und verschluckt werden können. Stecken Sie das Kissen in die Hülle, und fertig ist das Tastspielzeug!

Variation
Anstelle des Kissenbezugs können Sie auch an einem Waschhandschuh Schellen, Perlen und anderes festnähen.

Wassertüte

Eine mit Wasser gefüllte Tüte ist für ein Kleinkind sehr verlockend. Füllen Sie eine Gefriertüte zur Hälfte mit Wasser. Mit ein paar Tropfen Lebensmittelfarbe kann das Wasser bunt gefärbt werden. Knoten Sie die Tüte fest zu und schon hat Ihr Kind ein herrliches Spielzeug, das geheimnisvoll plätschert, ständig die Form wechselt und sich kalt oder warm anfühlt.

Spielfrosch

Das brauchen Sie:
Schablone: Papier oder Pappe (20 cm lang und 15 cm breit), Schere, Stift.

Froschhülle: Bunten Stoff (42 cm lang und 32 cm breit), Schere, Nähgarn, Nadel oder Nähmaschine.
Füllung: eine Handvoll Rundkornreis.
Augen: 2 Holzperlen, Zwirn, Nadel.

So wird's gemacht:
Papier oder Pappe der Länge nach so aufeinander falten, dass es doppelt liegt. Umriss einer Froschhälfte aufmalen und ausschneiden. Die Frosch-Schablone zweimal auf die linke Seite des Stoffes übertragen und entlang der Kontur mit 1 cm Nahtzugabe ausschneiden. Stoffe rechts auf rechts legen und unter Berücksichtigung der Nahtzugabe am Rand entlang zusammennähen und dabei ein ca. 3 cm großes Stück Naht offen lassen. Dann die Froschhülle wenden und mit dem Reis nicht zu prall füllen, da sich der Frosch sonst schwer greifen lässt. Die Öffnung zunähen. Als Augen zwei Perlen sehr fest annähen, damit sie nicht abgerissen werden können.

Tastsäckchen

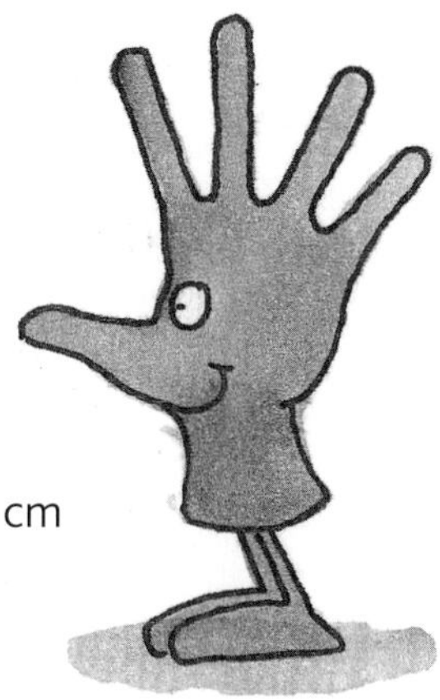

Ganz unterschiedliche Tasterlebnisse versprechen Tastsäckchen mit verschiedenen Materialien.

Das brauchen Sie:
Stoffreste (zum Beispiel Baumwolle oder Leinen), jeweils 20 x 8 cm groß; gesäuberte Kirsch- und Aprikosenkerne, Glasmurmeln, Knöpfe, Perlen oder anderes.

So wird's gemacht:
Den Stoff rechts auf rechts legen in den Maßen 10 x 8 cm. Offene Seiten zunähen und oben ein wenig Naht zum Einfüllen des Materials offen

lassen. Säckchen wenden und halbvoll mit Perlen oder anderem füllen. Die noch offene Naht zunähen.

Spielanregung:
Werden die Tastsäckchen in einem Korb aufbewahrt, der Ihrem Kind jederzeit zugänglich ist, kann es im Spiel damit vielerlei Erfahrungen sammeln. Es kann die Säckchen befühlen, schütteln, an das Ohr halten, sie auf dem Kopf, Arm oder Fuß balancieren und den Inhalt miteinander vergleichen. Was ist schwerer, was leichter? Welche Geräusche machen die Säckchen? Was fühlt sich am angenehmsten an?
Tipp für ganz Eilige: Stellen Sie die Säckchen aus alten, gewaschenen Baumwollsocken her – einfach füllen und fest zuknoten.

Variation
Wenn Sie mehrere Tastsäckchen herstellen und jeweils zwei davon mit dem gleichen Gegenstand füllen, können die Kinder spüren und sortieren, Unterschiede erkennen und zuordnen.

Schnecke Fridolin

Eine Tastschnecke regt Kinder immer wieder dazu an, die unterschiedlichen Materialien in dem spiralenförmigen Aufbau des Schneckenhauses zu befühlen. Auch mit geöffneten Augen ist dies eine intensive Sinneserfahrung.

Das brauchen Sie:
Einen großen, stabilen Karton von etwa 70 x 70 cm, eine lange Kordel, Stift, Kleber, verschiedene Materialien wie weiche, glatte, samtige Stoffe, Felle oder Plüsch, Schaumstoff, Verpackungsmaterial, Kronkorken,

halbierte Flaschenkorken, Wolle, Streichhölzer, geknülltes Seidenpapier, Sandpapier.

So wird's gemacht:
Auf den Karton zeichnet man ein großes Schneckenhaus und befestigt eine Kordel auf der Vorlage. In den spiralenförmigen Aufbau kleben Sie nacheinander die verschiedenen Materialien. Auf Weiches folgt Hartes, auf Warmes Kaltes und auf Raues folgt Glattes. Beteiligen Sie die Kinder an diesem Klebespaß. Materialien, die nur mit Spezialkleber haften, sollten Sie selbstverständlich selbst anbringen.

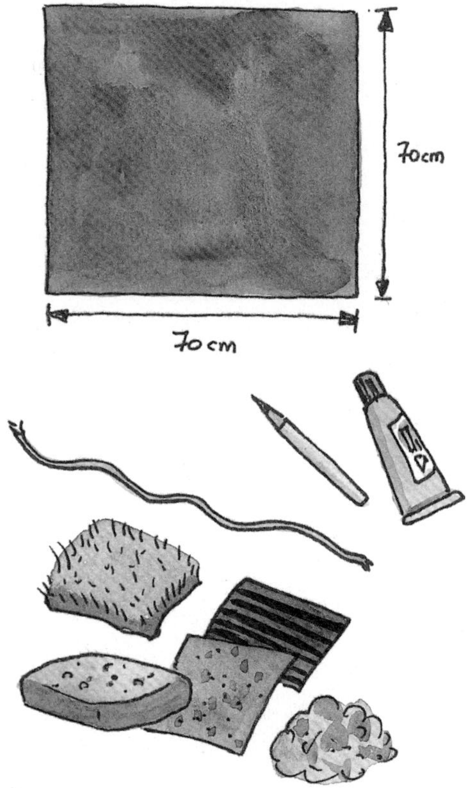

Tastdeckel

Es lohnt sich, kleine Schraubdeckel von Marmelade, Babykost und anderem zu sammeln. Sie brauchen noch ein paar zusätzliche Materialien, die in jedem Haushalt zu finden sind, um dieses Tastspiel herzustellen.

Das brauchen Sie:
Ca. 12 Schraubdeckel, Kleber oder doppelseitiges Teppichklebeband, Fühlmaterialien: geeignet sind Schaumstoff, Wattepads, Sandpapier, Spiegelfolie, Wellpappe, Fellreste, Knöpfe, Schnur.

So wird's gemacht:
Bekleben Sie je zwei Deckel auf der Innenseite mit dem gleichen Material. Das Kind kann dann beispielsweise die Knöpfe fühlen und das Gegenstück dazu finden und zuordnen.

Spielanregung:
Zunächst befühlen Sie und das Kind im Wechsel die verschiedenen Materialien. Teilen Sie dem Kind mit, wie sich das Material anfühlt und benennen Sie es. Dann kann das Kind die Tastdeckel paarweise zuordnen. Dieses Spiel kann so lange wiederholt werden, wie es dem Kind Freude bereitet.
Ein Ratespiel ist eine weitere Möglichkeit, sich mit den Tastdeckeln zu beschäftigen. Die Deckel liegen gemischt vor dem Kind, das mit geschlossenen Augen versucht zu erraten, um welches Material es sich handelt. Auch können Aufgaben gestellt werden, wie „Suche mir den Deckel mit dem Fell!"

Variation
Sind alle Deckeloberflächen von gleichem Aussehen, kann dieses Spiel auch nach den bekannten Regeln des Memory gespielt werden.

Was ist denn im Krabbelsack?

Kritze kratze Krabbelpack,
was krabbelt da im Krabbelsack?
Was bibbelt, was babbelt?
Was kribbelt, was krabbelt?
Was ist's?
Ein ...

Das brauchen Sie:
Krabbelsack, kleine Gegenstände aus dem Haushalt oder Spielzeug, evtl. in doppelter Ausführung.

Spielanregung:
Wählen Sie einige Gegenstände und Spielmaterialien aus, die das Kind bereits kennt. Bevor diese in den Krabbelsack wandern, geben Sie dem Kind ausreichend Gelegenheit, sich mit den Dingen zu beschäftigen und sie zu befühlen. Begleiten Sie dabei das Tun des Kindes mit Worten wie: „Das Fell fühlt sich weich und kuschelig an" oder „Der Baustein fühlt sich glatt und hart an". Stecken Sie dann, ohne dass es das Kind sehen kann, einen von den Gegenständen in den Krabbelsack. Das kann beispielsweise ein kleines Auto, ein Flummiball, ein Holzklötzchen, ein Teelöffel oder ein Baustein sein. Das Kind greift hinein, befühlt, errät und benennt den Gegenstand. Für jüngere Kinder ist es hilfreich, wenn dieser Gegenstand unter all den anderen zur Auswahl stehenden auch offen ausliegt. So kann es auf den Gegenstand zeigen, falls es ihn nicht benennen kann.

Das brauchen Sie für den Krabbelsack
Bunten Baumwollstoff in den Maßen 78 x 32 cm (Die Angaben verstehen sich mit Nahtzugabe), eine blaue und eine rote Kordel, je 60 cm lang; Schere, Nähgarn, Sicherheitsnadel.

So wird's gemacht:
Den Stoff rechts auf rechts in der Mitte zusammenlegen. Die Seitenteile schließen und mit Zickzackstich versäubern. Den Sack wenden, damit die Nähte innen liegen.
Knopflöcher: Die Position für vier Knopflöcher markieren (Abstand von der Seitennaht 1 cm, Abstand von der oberen Stoffkante 2,7 cm, Länge des einzelnen Knopflochs 1 cm) und die Knopflöcher nähen.
Die obere Kante zum Saum umschlagen: 1 cm zum Versäubern, dann weitere 3 cm nach innen schlagen.

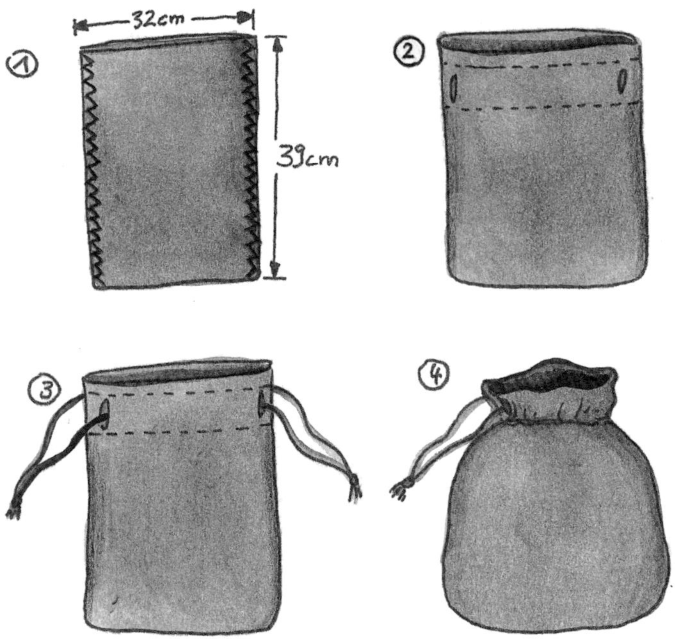

Die Saumkante im Abstand von 3 cm absteppen und eine weitere Naht im Abstand von 1,5 cm von der oberen Stoffkante absteppen, so dass ein Tunnel entsteht. Auf jeder Seite des Krabbelsackes eine Kordel mit Hilfe der Sicherheitsnadel durch den Tunnel ziehen und die Enden miteinander verknoten.

Krabbelkiste

Das brauchen Sie:
Schuhkartons, Tastmaterial wie ein Stück Fell, Watte, Korken, Knöpfe, Wolle, Steine, Erbsen, Nüsse, Bastelfarbe oder Buntpapier und Kleber.

So wird's gemacht:
Gestalten Sie gemeinsam mit den Kindern mehrere Schuhschachteln als Krabbelkiste. Die Schachteln werden nach Belieben bemalt oder mit bunten Papierschnipseln beklebt. Schneiden Sie in jede Schachtel an einer Längsseite zwei runde Öffnungen, durch welche die Kinder mit den Händen in die Krabbelkiste greifen können. Geben Sie dann jeweils nur ein Tastmaterial in die Krabbelkiste. Zunächst können die Kinder nach Herzenslust tasten und fühlen und das eine oder andere davon wird den Gegenstand erraten und benennen können. Für jüngere Kinder ist es hilfreich, wenn die in den Kisten versteckten Materialien zusätzlich offen aufliegen. Dann kann es mit den Händen fühlen, vergleichen, zuordnen und auf den zu ratenden Gegenstand zeigen.

Verborgene Schätze

Füllen Sie eine große Schüssel zu zwei Dritteln mit Rundkornreis oder eine kleine Wanne mit Kastanien, Eicheln oder gesäuberten Kirschkernen und verstecken Sie darin ein kleines Spielzeug. Wie spannend ist es für das Kind, mit den Händen nach der Murmel oder dem Püppchen zu fischen. Auch das Fühlen und Wühlen in den Körnern ist ein Genuss! Nun ist das Kind an der Reihe, etwas zu verstecken, das Sie mit den Händen suchen. Ist das Spiel vertraut, können auch mehrere Gegenstände gleichzeitig versteckt werden. Möglicherweise gelingt es schon, den gefundenen Gegenstand allein durch das Betasten zu erraten.

Tastplatten aus Gips

Beim Umgang mit Gips erlebt das Kind, wie eine breiartige Masse in kurzer Zeit hart wird und nicht mehr verformbar ist. Gips ist ein ideales Material für Tastplatten, da man sehr gut kleine Gegenstände in den noch weichen Brei drücken kann. Als Tastbild an der Wand angebracht, hat es nicht nur eine dekorative Wirkung, sondern es regt auch dazu an, das Material mit den Händen zu befühlen.

Das brauchen Sie:
Schachteldeckel einer Schuhschachtel, Gips, Wasser, Plastikgefäß, Stock zum Umrühren, alte Zeitungen oder Malerplane, Streichhölzer, Draht und kleine Gegenstände wie Knöpfe, Muscheln, Kronkorken oder Schrauben, Nägel und andere kleine Metallteile.

So wird's gemacht:
Arbeitsbereich mit alten Zeitungen oder einer Plane gut abdecken. Gipsbrei nach den Angaben auf der Packung in einem Plastikgefäß anrühren. Gipsbrei in den Schachteldeckel gießen. Knöpfe oder andere Materialien

in den Gipsbrei drücken. Zwei Streichhölzer jeweils rechts und links oben in den Gips hineinstecken und später wieder entfernen. Sie halten die Löcher zum Aufhängen des Tastbildes offen.

Tipp: Die Reaktionszeit von Gips ist langsamer, wenn Sie die Hälfte der angegebenen Wassermenge durch angerührten Tapetenkleister ersetzen.

Tastspiele für die Füße

Fühlstraße

Das Fühlen und Tasten ist nicht nur mit den Händen, sondern auch mit den Füßen eine Erfahrung, die auch schon kleine Kinder anregt.
Auf einer wackeligen Luftmatratze läuft es sich anders als auf einem weichen Fell. Ganz nebenbei bekommt das Kind bei solchen Fußreisen mehr Sicherheit im Gehen und das Gleichgewicht muss immer wieder neu ausbalanciert werden.
Einen Parcours können Sie sowohl im Raum als auch im Freien gestalten. Für drinnen empfehlen wir Dinge aus dem Haushalt und für draußen Naturmaterialien.

Das brauchen Sie:
Materialien für den Raum: Geeignet sind unter anderem Fußmatten aus Gummi, Kokos oder Nadelfilz, Fell, Luftmatratze, Schaumstoffplatten, Kissen, Luftkissenpolster (Verpackungsmaterial), Teppichbodenreste.
Materialien für den Garten: Sand, Kies, Steine, Rinden, Sägespäne, Sägemehl, Heu, gemähtes Gras, Moos, Blätter, Erde, Kastanien.

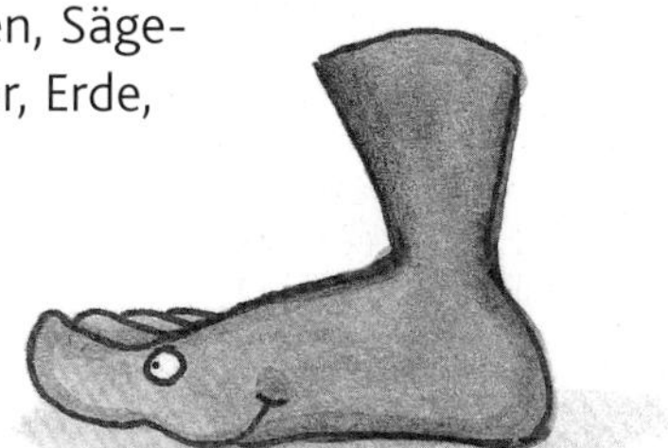

Spielanregung:
Auf dem Boden werden die Materialien, die sich auch mehrfach wiederholen können, zu einem mehr oder weniger langen Barfußweg arrangiert. Wenn der Parcours nach draußen verlegt wird, kann das Material in flache Kartons oder Schüsseln gefüllt oder auf Malerfolie ausgebreitet werden.
Zunächst haben die Kinder ausreichend Gelegenheit, das Material mit den Händen und Füßen zu befühlen. Während es die jüngeren Kinder vorziehen, mit geöffneten Augen über den Weg zu gehen, raten die älteren gerne das Material, über das sie gehen und schließen dazu die Augen. An der Hand eines Erwachsenen kann sich jedes Kind sicher fühlen.

Kluge Füße

Das brauchen Sie:
Plastikwanne, Gegenstände, die durch ihre Form und Oberflächengestaltung gut zu erraten sind wie: Bürste, Ball, leicht aufgeblasener Luftballon, Murmel, Kastanie, Kissen, Bauklotz, Fell, Schwamm.

Spielanregung:
Schuhe und Strümpfe werden ausgezogen. Das Kind setzt sich auf einen Stuhl und stellt seine Füße in die Plastikwanne davor. In diese geben sie nun einen Gegenstand ihrer Wahl, den das Kind mit seinen Füßen befühlt. Kleine Impulse ihrerseits helfen dem Kind, sich ausführlich mit dem Material zu beschäftigen. So kann man mit den Füßen den Ball rollen, in das Kissen eintauchen, die Kanten des Bauklotzes erspüren etc. Sind alle im Spiel eingesetzten Gegenstände dem Kind vertraut, kann ein Ratespiel folgen: Nun geht es darum, bei geschlossenen Augen, also nur mit den Füßen tastend, den betreffenden Gegenstand zu erraten.

Fuß-Streicheln

Die Kinder sitzen mit nackten Füßen auf dem Boden im Kreis. In der Mitte liegen Materialien wie Wattebäusche, unterschiedliche Pinsel, kleine Fellstückchen, Samt, weiche Schwämme. Jedes Kind wählt aus den vorhandenen Materialien aus und streichelt damit seine Füße oder die eines anderen Kindes. Die Kinder teilen sich mit, was sie als angenehm empfinden und womit sie gestreichelt werden wollen.

Fußabdruck im Salzteig

Rezept für den Salzteig:
2 Tassen Mehl, 1 Tasse Salz, 1 Tasse Wasser, 1 TL Öl mischen und kräftig durchkneten. Bei Bedarf Mehl oder ein wenig Wasser zugeben. Der Teig sollte weder kleben noch bröseln.

Das brauchen Sie:
Salzteig, Kuchenrolle, Gefrierbeutel, Butterbrotpapier, Zahnstocher oder Streichholz, Band zum Aufhängen.

So wird's gemacht:
Salzteig herstellen, in Gefrierbeutel geben und ca. 2 Stunden im Kühlschrank ruhen lassen (Salzkristalle lösen sich auf). Auf Butterbrotpapier 2–3 cm dick ausrollen. Fuß oder Hand in den Teig drücken. Mit Hölzchen Name des Kindes und das Tagesdatum punktartig einstanzen. Loch zum Aufhängen anbringen. 4–5 Tage bei Zimmertemperatur oder bei 60 Grad im Herd ca. drei Stunden trocknen lassen.

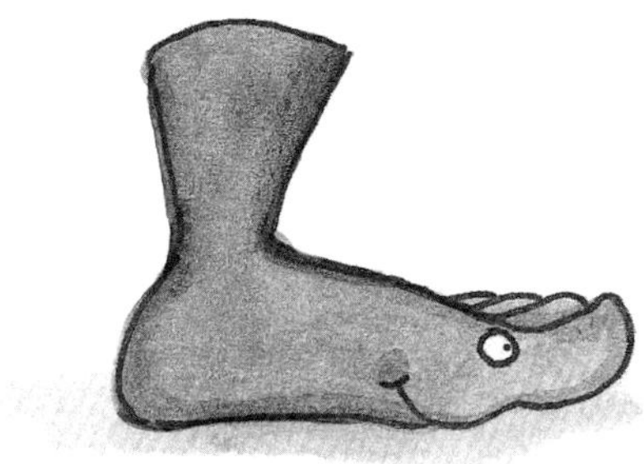

Entdeckungen für Nase und Gaumen

Da Kindernasen noch offen und neugierig sind, ist es nicht schwer, sie für das Schnuppern zu begeistern. Selbst hergestellte Duftsäckchen, Duftlampen oder ein Potpourri aus getrockneten Blüten, Blättern und Gewürzen verströmen Wohlgeruch im Raum und wecken Lebensfreude. Bei einem Duftspiel lernen die Kinder, Gerüche bewusst wahrzunehmen und zuzuordnen. Und wird gekocht oder gebacken, verrät der Duft, welches Gericht auf den Tisch kommt. Kinder haben schon früh Vorlieben für bestimmte Speisen, doch probiert werden sollte von allem ein wenig. Zum Genießen gehören nicht nur Schmecken und Riechen, sondern auch die Vorfreude bei der Zubereitung.

Im Reich der Düfte

Ätherische Öle für die Duftlampe
Ätherische Öle sind Essenzen, die aus verschiedenen Pflanzen gewonnen werden.

Bezugsquellen für Duftöle
Naturkostläden, Reformhäuser und Apotheken führen ein breites Sortiment an ätherischen Ölen und Duftlampen. Sie beraten fachkundig darüber, welche Duftöle und Duftmischungen für Kinder geeignet sind und informieren über deren Wirkungsweise.

Welche Duftöle sind für Babys und Kleinkinder geeignet?
Lavendel, Honig, Mandarine/Clementine, Orange, Rose, Rosenholz, Sandelholz, Vanille/Benzoe Sesam.

Was ist bei der Anwendung ätherischer Öle zu beachten?
Geben Sie 1 – 3 Tropfen als Einzelöl oder als Duftmischung in das Wasser einer Duftlampe. Bei Babys bis zu drei Monaten genügt ein Tropfen.
Für eine Duftmischung verschütteln Sie bis zu drei Einzelöle in sauberen Fläschchen. Erst dadurch entwickeln die Einzelöle ihren optimalen Duft.
Stellen Sie die Duftlampe mit der brennenden Kerze ausreichend entfernt zum Kind oder der Kindergruppe auf, damit der Duft nicht zu intensiv ist.
Kontrollieren Sie regelmäßig, ob sich noch genügend Wasser im Behälter befindet und gießen sie nach, wenn zu viel davon verdampft.
Elektrische Duftlampen sind für das Kinderzimmer ideal, da sie keiner besonderen Aufsicht bedürfen.
Bewahren Sie Ölfläschchen immer unerreichbar für Kinderhände auf!

Duftkissen mit Lavendel

Ein Duftkissen mit Lavendel im Kinderbett hat eine beruhigende und Schlaf fördernde Wirkung.

Das brauchen Sie:
Stoffrest von ca. 15 x 30 cm, Nähseide, Schere, getrockneter Lavendel.

So wird's gemacht:
Legen Sie den Stoff rechts auf rechts so aufeinander, dass sich ein Quadrat von 15 x 15 cm ergibt. Nähen Sie mit der Hand oder Maschine die offenen Seiten zusammen. Lassen Sie dabei eine 2–3 cm große Öffnung in der Naht zum Einfüllen des Materials. Wenden Sie das Kissen und füllen Sie reichlich Lavendelblüten in das Kissen, dessen offene Stelle dann zugenäht wird.

Duftgläser

Das brauchen Sie:
Kleine Gläser von Babynahrung oder Marmelade, duftende Lebensmittel oder Gewürze, wie Kaffeebohnen, Schalen von Früchten (Apfel, Orangen oder Clementinen), Vanille-, Zimtstangen, Kakao, Kräutertee oder duftende Materialien aus der Natur, wie Erde, Tannen- oder Fichtenzweige, Baumrinde, Blütenblätter von Rose, Kamille, Lavendel, Hollunder.

So wird's gemacht:
Bevor die Gläser mit den duftenden Substanzen gefüllt werden, kann das Kind diese befühlen und daran riechen. Werden Schalen von Früchten verwendet, so ist das Kind bei den Vorbereitungen dabei. Während sich die Jüngsten damit begnügen, an den geöffneten Gläsern zu schnuppern und den Duft aufzunehmen, gelingt es älteren Kindern bereits, den einen oder anderen Duft zuzuordnen und zu benennen.
Das Kind schließt die Augen und schnuppert an dem Glas, das ihm unter die Nase gehalten wird. Es darf die Augen erst dann öffnen, wenn das Glas zu den anderen zurückgestellt wurde. Nun soll es den Duft unter all den anderen herausfinden.

Da die Gläser danach wieder dicht verschlossen werden, hält sich in ihnen der Duft für eine Weile. So können die Kinder, wann immer sie Lust dazu haben, an den Gläsern schnuppern.

Duftende Herzen

Das brauchen Sie:
Dickes Löschpapier, Plätzchenform „Herz", Duftöl, Faden.

So wird's gemacht:
Herzform auf Löschpapier legen, mit Stift nachfahren und ausschneiden. Nach Belieben mehrere Herzen ausschneiden. Mit einer Nadel einen Faden durchziehen, mit Duftöl sparsam beträufeln und aufhängen. Unter einer Lampe, wo das Papier erwärmt wird, duftet das Öl besonders gut.

Fröhliche Kräutertöpfe

Zu den Kräutern, die auch Kinder lieben, zählen Schnittlauch, Petersilie, Kresse, Zitronenmelisse, Pfefferminze. Zwischen den Fingern zerrieben oder fein gehackt, verströmen die Kräuter ihren typischen Geruch. In der Küche sind sie vielseitig verwendbar. Sie schmecken in der Suppe, auf dem Butterbrot, als Würze im Salat oder als herrlich duftender Tee. Mit Ausnahme von Kresse, die sehr schnell heranwächst, kauft man am besten die Kräuter in kleinen Plastiktöpfen beim Gemüsehändler und verpflanzt sie in größere Tontöpfe. Damit diese auch fröhlich aussehen, werden sie von Kinderhand bemalt.

Das brauchen Sie:
Kräuter, Erde, Folie, Gießkanne, Blumentöpfe aus Ton, weiße Fassadenfarbe, Pinsel, Fingerfarbe oder Bastelfarbe.

So wird's gemacht:
Die Tontöpfe mit der Fassadenfarbe grundieren. Nach dem Trocknen bemalen die Kinder nach Lust und Laune den Topf mit den Fingern oder dem Pinsel.
Später werden die Kräuter in den Topf gepflanzt. Dazu das jeweilige Kraut aus dem Plastiktopf nehmen. Erde auf die ausgebreitete Folie schütten und bemalten Tontopf zu einem Drittel damit füllen. Topfpflanze hineingeben, seitlich und oben Erde dazu geben und leicht festdrücken. Kraut ein wenig gießen und auf die Fensterbank stellen.
Hinweis: Für Kinder ist Erde ein interessantes Material zum Erkunden. Wenn Sie Gartenerde verwenden, lässt sich allerlei beobachten. Vielleicht schlängelt sich ein Wurm in der frischen Erde oder Insekten krabbeln darin herum. Mit einer Lupe wird alles noch genauer betrachtet. Spaß macht es Kindern, mit den bloßen Händen die feuchte Erde zu fühlen, daran zu schnuppern und darin zu graben, bevor gemeinsam das Kraut umgetopft wird.

Apfelteelicht

Dieses Winterlicht ist eine hübsche und gut duftende Tischdekoration.

Das brauchen Sie:
Große Äpfel mit gutem Stand, Obstmesser, Teelichter.

So wird's gemacht:
In den Apfel oben ein Loch in Größe eines Teelichts schneiden und in diese Öffnung das Teelicht mit Hülle hineinstellen.

Kette mit Zitrusfrüchten

Zur Winterzeit gehört auf alle Fälle der Duft von Orangen. In Scheiben geschnitten, getrocknet und auf einen Bindfaden aufgefädelt, sind sie eine schöne Raumdekoration.

Das brauchen Sie:
Orangen, kleines Obstmesser, Schneidebretter, Bindfaden, stumpfe Stopfnadel.

So wird's gemacht:
Orangen vorsichtig in Scheiben von 0,5 bis 1 Zentimeter schneiden und dann bei 50 Grad 1 ½ bis 2 Stunden im Backofen trocknen. Mit der Stopfnadel getrocknete Orangenscheiben auffädeln und den Raum damit dekorieren.

Variante
Zwischen die Orangenscheiben kurze Stücke Zimtrinde, kleine Buchszweiglein und andere Dinge aus der Natur fädeln.

Gerichte für kleine Feinschmecker

Beim Essen geht es nicht nur um das Sattwerden. Ein schön gedeckter Tisch, appetitlich angerichtete Speisen und eine fröhliche Tischrunde machen das Essen zu einem angenehmen und die Sinne ansprechenden Ereignis für alle.

Kinder lernen spielerisch und das ist auch beim Essen so. Schon bei den Vorbereitungen in der Küche sollte das Kind, wann immer dies möglich ist, einbezogen werden und beim Schneiden, Rühren, Kneten, Schütten helfen dürfen. Manche Kinder wollen schon mit einem Jahr selbstständig den Löffel zum Mund führen und sind stolz darauf, wenn sie es schaffen. Manchmal matschen kleine Kinder mit dem Essen herum und gebrauchen statt des Löffels ihre Finger. Allzu strenges Eingreifen und ständiges Ermahnen von Seiten der Erwachsenen verderben den Spaß am Essen und verhindern ein Mehr an Selbstständigkeit. Allerdings ist ein klares „Nein" angebracht, wenn das Kind nur noch herumpanscht und darüber das Essen vergisst. Da Kinder alles anfassen wollen, was auf den Teller kommt, sind Würstchen, Obstschnitze, rohe Gemüsestifte und anderes „Fingerfood" sehr beliebt.

Nachfolgende Rezepte beziehen sich im Allgemeinen auf vier erwachsene Personen. Da Kinder kleinere Portionen zu sich nehmen oder auch nur probieren wollen, sollte dies bei der Zubereitung berücksichtigt werden.

Grießbrei

Beim Kochen von Brei können die Kinder ganz elementare Erfahrungen machen: Milch kocht, und wenn man nicht aufpasst, läuft sie über; Flüssigkeit und Hitze lassen den Grieß aufquellen, und aus einer dünnflüssigen wird eine dickflüssige Masse; sie spüren die Wärme, die vom Topf ausgeht, und nehmen den süßen Duft wahr, der ihnen entgegenströmt.

Zutaten:
1 l Milch, 1 Prise Salz, ½ Zitronenschale von einer halben ungespritzten Zitrone, 100 g Weizengrieß (oder Dinkelvollkorngrieß), Zucker nach Geschmack, 20 g frische Butter, Zimt mit Zucker vermischt zum Anrichten.

Zubereitung:
Milch, Salz und feingeschälte Zitronenschale zum Kochen aufstellen. Grieß langsam in die kochende Milch einstreuen und dabei umrühren; bei schwacher Hitze etwa 10 Minuten unter Rühren gar kochen und weitere 10 Minuten bei ausgeschalteter Kochplatte ausquellen lassen. Den Brei mit Zucker abschmecken und mit etwas frischer Butter verbessern. Mit Zimt-Zucker bestreuen.

Kinder, kommt herbei, wir kochen heute Brei

Text und Musik: Hanne Viehoff

2. Kinder, kommt zu Tisch,
der Grießbrei ist ganz frisch.
Wir nehmen Zimt und Zucker,
vielleicht noch etwas Butter.
Und schmausen, eins, zwei, drei,
hm, lecker ist der Brei!

Spielanregung:
Alle machen mit, indem sie zum Liedtext passende Handbewegungen ausführen.

Kinder, kommt herbei / kommt zu Tisch	*Mit einer Hand zu sich her winken;*
Wir nehmen Milch und Zucker / Wir nehmen Zimt und Zucker	*mit beiden Händen abwechselnd Schüttbewegungen machen*
Wir rühren, eins, zwei, drei	*mit einer Hand rühren*
hm, lecker ist der Brei	*eine Hand kreist auf dem Bauch.*

Kartoffelsuppe

Eine köstliche Suppe, die herrlich duftet und auch noch gesund ist. Selbst so mancher „Gemüsemuffel" probiert ein wenig, wenn er bei der Zubereitung mithelfen darf.

Das brauchen Sie:
4 große Kartoffeln, 4 Karotten, 1 Stange Lauch, 1 Sellerieknolle, 1 Zwiebel, 1 Knoblauchzehe, 2 Liter Gemüsebrühe, 4 EL Sahne, Butter, zum Bestreuen gehackte Petersilie, Salz, Pfeffer.

Zubereitung:
Gemüse waschen, schälen, zerkleinern und in der heißen Butter dünsten. Die rohen, würfelig geschnittenen Kartoffeln zugeben. Brühe zugießen, alles ca. 15 bis 20 Minuten weich kochen und mit Salz und Pfeffer abschmecken. Am Schluss Sahne hinzufügen und Suppe mit der Petersilie bestreuen. Manche Kinder mögen die Suppe auch lieber, wenn sie mit dem Pürierstab püriert wurde.

Fingerspiel: Die Kartoffel

Ich bin der Stoffel und mag die Kartoffel.
Ich heiße Beate und ess gern Tomate.
Ich bin Lieselotte und liebe Karotte.
Ich heiße Valerie und schwärm für Sellerie.
Ich bin das kleine Fingerlein, schneid alles klein
und koch daraus ein Süppchen fein.

Spielanregung:
Die Finger und den Daumen der Reihe nach zeigen. Mit der Hand das „Schneiden" und „Umrühren" der Suppe nachahmen.

Rohkostfisch

Kinder lieben „Finger-Food"! In Streifen und Scheiben geschnittenes rohes Gemüse lässt sich gut mit den Händen essen. Eingetunkt in einen Kräuterdip ist es eine leckere und gesunde Zwischenmahlzeit.
Warum nicht mal aus Gemüse einen Fisch gestalten? Er ist nicht nur schön anzusehen, sondern auch sehr gesund und appetitanregend.

Zutaten:
Für den Rohkostfisch können Sie Tomaten, Radieschen, Rettich, junge Karotten, Paprikaschoten oder Gurken verwenden.

So wird's gemacht:
Schneiden Sie das Gemüse in kleine Scheiben oder Streifen und legen Sie damit die Augen, Flossen und Schuppen des Fisches.
Als Augen eignen sich Radieschenscheiben, als Maul ein fein geschnittener Paprikastreifen, als Schuppen Tomaten-, Gurken-, Rettichscheiben, als Bauchflossen junge Karotten oder Paprikastreifen und als Schwanzflosse das Möhrenkraut.

Kräuterdip

Zutaten:
250 g Quark, 3 Esslöffel Jogurt, 3 Esslöffel gemischte, frische Kräuter, gehackt, ½ Teelöffel Salz, ½ Teelöffel Rosenpaprika.

Zubereitung:
Quark mit dem Quirl glatt rühren. Jogurt dazugeben und gut verrühren. Mit Salz und Paprika würzen und die Kräutermischung dazugeben.

Vollkornbrötchen

Zutaten für 12 Stück:
450 g Weizenvollkornmehl, 50 g Haferflocken, 1 Päckchen Trockenhefe, ⅜ l lauwarmes Wasser, ½ Tasse Öl, 2 gestrichene Teelöffel Salz; zum Bestreuen: Mohn, Sesam oder Kümmel.

Zubereitung:
Alle Zutaten vermischen und den Teig mit einem elektrischen Handrührgerät so lange abschlagen, bis er sich von der Schüssel löst und eine glatte und gleichmäßige Beschaffenheit hat. Den Teig an einem warmen Ort zugedeckt eine halbe Stunde gehen lassen. Auf einem bemehlten Backblech nochmals durchkneten und so viel Mehl zugeben, dass ein geschmeidiger, gut knetbarer Teig entsteht. Daraus einen länglichen Wecken formen und 12 Portionen abschneiden. Mit bemehlten Händen Kugeln formen und diese mit Wasser bestreichen. Die Brötchen kreuzweise einschneiden und mit Mohn, Sesam oder Kümmel bestreuen. Danach etwa 5 Minuten auf dem Backblech ruhen lassen. Im vorgeheizten Herd bei 200 Grad etwa 30 Minuten backen.

Tipp: Eine schöne Oberfläche erzielt man, wenn man zusätzlich ein kleines Gefäß mit heißem Wasser in den Herd stellt.

Variation: Brötchen-Fisch
Teigkugeln dicht nebeneinander in Form eines Fisches auf das Backblech legen. Aus Teigresten Flossen formen. Für das Auge Sonnenblumen- oder Kürbiskerne verwenden. Fischkörper mit verquirltem Ei bestreichen und wie oben angegeben backen.

Apfelschalentee

Zutaten:
Ungespritzte Äpfel, Apfelschäler, größere Nadel, Zwirn.

Zubereitung:
Zuerst die Äpfel schälen. Die Schalenstückchen mit Nadel und Zwirn auffädeln und zum Trocknen aufhängen. Nach dem Trocknen Schalen in dunkle Gläser oder in eine Dose füllen und die Kinder daran riechen lassen.
Für eine Tasse Tee benötigt man eine Tasse Wasser und einen Esslöffel Apfelschale. Beides fünf Minuten kochen lassen, abseihen und eventuell mit Honig süßen. Das schmeckt warm, aber auch kalt als Erfrischung.

Tipp: Der geschälte Apfel wird sofort verzehrt oder zu Apfelkompott verarbeitet.

Horchen, lauschen, still werden

Kinder und Stille – das scheint auf den ersten Blick ein Widerspruch zu sein. Wer jedoch Kinder in den ersten Lebensjahren beobachtet und genauer hinschaut, wird schnell merken, dass sie neben all ihrer vor Lebenslust sprühenden Aktivität und ihrem Bewegungsdrang auch immer wieder ihre Möglichkeiten der Ruhe und Stille suchen.
Ruhe und Entspannung lässt sich im Alltag mit Kindern bewusst einplanen. Ein Kinderhaus, eine selbst gebaute Höhle oder eine mit Kissen und Decken ausgepolsterte Kiste ermöglichen es dem Kind, eine Zeit lang für sich zu sein.
Egal ob im Haus oder in der freien Natur, überall bieten sich Leise- und Horchspiele an. Sie tragen dazu bei, dass Kinder zur Ruhe kommen und diese Ruhe auch genießen können. Gemeinsam spüren die Kinder dem Klang eines Instruments nach. Bei einem Spaziergang hören sie auf die Stimmen der Natur und vernehmen vielleicht das Gezwitscher der Vögel, das Plätschern eines Baches oder das Rauschen der Blätter im Wind. Dies regt zum Träumen an und beflügelt die Fantasie.
Im aufmerksamen Lauschen öffnen sich Türen nach innen. Kinder spüren die beruhigende Wirkung von Klängen und finden zu einer wohltuenden

Entspannung. Still werden ist die Grundlage für jede feinere Sinneswahrnehmung, besonders für das Hören. Zum Aufbau eines inneren Gleichgewichts und der Fähigkeit, differenziert und tiefer zu erleben, ist Stille unerlässlich.

Mit dem Rücken hören

Ob das wohl geht: mit dem Rücken, dem Bauch, den Händen hören? Sie brauchen dazu ein kleines Glockenspiel mit Schlegel. Ein Kind legt sich bäuchlings auf eine Matte und schließt die Augen. Legen Sie ihm nun behutsam das Glockenspiel auf den Rücken und schlagen einen Ton an. Die Vibrationen dieses Tones werden von den unzähligen Nervenbahnen, die mit der Wirbelsäule verbunden sind, erfasst und weitergeleitet. Erst

wenn das Kind gar nichts mehr spüren kann, öffnet es wieder die Augen. Lassen Sie sich und dem Kind dabei viel Zeit und Muße, beobachten Sie, ob das Kind dieses Spiel genießen kann. Sie beide müssen bereit sein, sich aufeinander einzulassen. Nach einer Weile kann ein anderer Ton angeschlagen werden.
Auch andere Körperstellen sind für dieses Klangspiel geeignet: die Bauchdecke, hier insbesondere der Bereich des Sonnengeflechts, die Handinnenflächen, die Unterarme, der Brustkorb.
Reagieren die Kinder positiv auf dieses Musikerlebnis, kann man auch andere Instrumente einsetzen: eine Holzblocktrommel, eine Klangschale oder eine Triangel, welche zwar frei schweben muss, jedoch ganz dicht an die Körperstelle gehalten werden kann.

Klangmassage

Es bilden sich Paare aus Kindern oder einem Kind und einem Erwachsenen. Das Kind legt sich bequem auf den Bauch. Sein Partner kniet sich daneben und rollt mit einer Klangkugel oder einem Ball, in dem ein Glöckchen versteckt ist, in kleinen kreisenden Bewegungen über den Rücken, die Arme und Beine. Das liegende Kind teilt mit, wenn es das Ende der Klangmassage wünscht. Anschließend können die Rollen getauscht werden.

Körperklänge

Die Kinder finden sich zu kleinen Gruppen und legen sich so hin, dass jedes Kind seinen Kopf auf den Bauch des Nachbarkindes legen kann. Die Kinder lauschen nun auf Körpergeräusche: das Pochen des Herzens, das Ein- und Ausatmen, das Gluckern im Bauch. Anschließend erzählen sie, was sie gehört haben.

Stille, stille

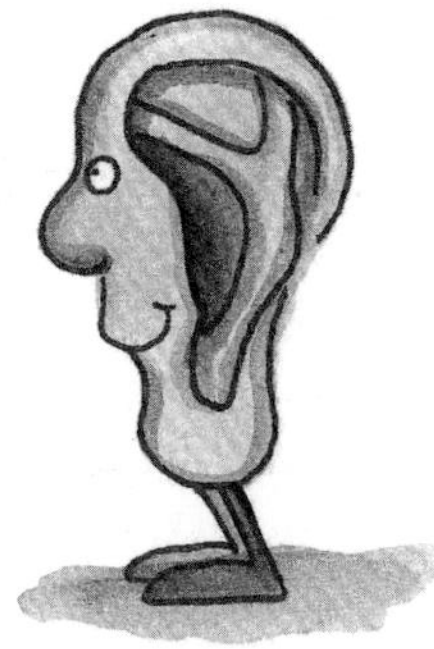

Stille, stille, kein Geräusch gemacht!
Darum seid nun alle still,
weil die Eva ruhen will.
Stille, stille, kein Geräusch gemacht

Spielanregung:
Die Kinder sitzen am Boden. Singen Sie den Vers leise und nennen Sie bei jeder Wiederholung einen Namen der beteiligten Kinder: „... weil Maxi, Sofie, Vanessa jetzt ruhen will!" Wenn das Kind genannt wird, legt sich dieses zum Ausruhen auf den Boden oder kuschelt sich an Mutter oder Vater. Mit diesem Spiel kann auch sehr gut die mittägliche Schlafenszeit eingeleitet werden. Die Kinder sitzen dann auf ihren Schlafmatten oder Betten und legen sich hin, wenn sie ihren Namen hören.

Glöckchen, Glöckchen du musst wandern

Glöckchen, Glöckchen du musst wandern,
von dem einen Kind zum andern.
Das ist herrlich, das ist schön,
niemand kann das Glöckchen sehn.
Doch kannst du es hören liebes Kind,
dann dreh dich um geschwind.

Spielanregung:
Die Kinder stehen im Kreis. Den älteren Kindern gelingt es vielleicht schon, die Augen zu schließen. Gehen Sie auf leisen Sohlen mit dem Glöckchen außen herum und singen Sie den Vers nach der bekannten Melodie von „Ringlein, Ringlein, du musst wandern" bis ... „sehn". Die letzten beiden Zeilen werden gesprochen. Bleiben Sie hinter einem Kind

stehen und lassen Sie das Glöckchen erklingen. Hört es das Kind, dreht es sich um und darf als nächstes mit dem Glöckchen auf Wanderschaft gehen.

Glöckchen in der Nussschale

In einen flachen Korb oder auf ein farbiges Tuch werden mehrere Walnüsse gegeben. Die Nüsse sollen in Größe und Aussehen möglichst ähnlich sein, damit sie schwer voneinander zu unterscheiden sind. Eine Walnuss wird vorher geöffnet und geleert. Zwischen die unversehrten Walnussschalen legt man ein kleines Glöckchen und klebt die Schalenhälften anschließend wieder sorgfältig zusammen.
Die Kinder sitzen um den Korb herum. Reihum darf nun jedes Kind zwei Nüsse nehmen und diese in der Hand schütteln. Enthält eine der beiden Nüsse das Glöckchen, so darf das Kind die zweite Nuss behalten. Das Glöckchen in der Nussschale wandert wieder in den Korb zurück und alle Nüsse werden einmal gut durchgemischt, bevor das nächste Kind dran ist. Das Spiel geht solange, bis jedes Kind mindestens eine Nuss bekommen hat. Dann werden alle im Spiel gewonnenen Nüsse gemeinsam geknackt und verzehrt.

Schlafendes Glöckchen wecken

Ein kleiner Ton (klingeln) geht auf die Reise,
mal klingt er laut, mal klingt er leise.
Dann wird er müd, man hört ihn kaum,
verschwindet hier im Gruppenraum.
Nun ist er irgendwo versteckt.
Ob einer ihn bei uns entdeckt?

Spielanregung:
Die Kinder sitzen mit geschlossenen Augen im Stuhlkreis oder auf einer Bodenmatte, während Sie mit einem Glöckchen oder einer Triangel durch den Raum gehen. Sprechen Sie dazu den Vers, anfangs laut, dann immer leiser werdend, bis hin zu einem Flüstern. Nach dem Wort „Ton" lassen Sie einmal das Glöckchen erklingen. Zum Schluss suchen Sie einen Platz, an dem Sie es „sichtbar" verstecken können. Nun öffnen die Kinder die Augen und eines von ihnen macht sich auf die Suche. Hat es das Versteck entdeckt, so darf es das schlafende Glöckchen behutsam wecken und es kurz erklingen lassen.

Horchspaziergang

Kleine Kinder können beim Spazierengehen vielerlei entdecken. Gehen Sie doch einmal gemeinsam auf Entdeckungsreise mit den Ohren! Unterbrechen Sie den Spaziergang immer wieder, hocken Sie sich hin, schließen die Augen und lauschen Sie. Was gibt es da nicht alles für Geräusche: Es knistert und knackt im Gebüsch. Vögel singen und zwitschern. Hört man den Wind in den Bäumen rauschen? Vielleicht plätschert irgendwo Wasser, ein Hund bellt. Man hört die Kühe grasen und schnaufen, Autos und Verkehrslärm, Menschenstimmen, Arbeiter auf der Baustelle, ein Radio. Alle Dinge wollen etwas mitteilen, was könnte es wohl sein?
Vielleicht finden wir unterwegs etwas, mit dem wir Musik machen können: Wie klingt es, wenn man zwei Steine aneinander schlägt? Oder einen Stein an einen Baumstamm? Wir hören, wie es plumpst, wenn ein Kieselstein ins Wasser fällt. Zwei Stöcke kann man aufeinander schlagen oder aneinander reiben. Mit einem Stock kann man an einem Weidegatter entlang ratschen, einen Rhythmus auf den Boden schlagen oder ins Wasser patschen.

Besonders bei einem Herbstspaziergang finden wir vieles, mit dem wir Töne und Klänge zaubern können. Beim Laufen durch welkes Laub raschelt es, trockene Blätter knistern, wenn man sie in die Hand nimmt. Kastanien kann man gegeneinander klopfen, man kann sie fallen lassen und horchen, wie das klingt: auf feuchtem Gras, auf trockener Erde, auf Asphalt. Man kann sie in einer mitgebrachten Dose sammeln und schütteln, kann den Inhalt wieder leeren und zum Boden hinunterpurzeln lassen. Die Welt ist voller Geräusche und Klänge und es macht Freude, sie zu entdecken!

Regentropfenkonzert

Bei starkem Regen können sich Kinder ein besonderes Hörerlebnis verschaffen – ein Tropfkonzert.
Stellen Sie verschiedene leere Gefäße, wie beispielsweise Konserven-, Kaffee-, Keksdosen, Plastikbecher, Marmeladengläser, Töpfe, Schüsseln mit der Öffnung nach unten in den Regen.
Es ist interessant, die unterschiedlichen Klänge zu hören, welche von den Tropfen beim Aufprall auf die Dosen und Becher erzeugt werden.

Klappern – Scheppern – Krach machen

Welches Kind macht nicht mit dem größten Vergnügen Krach und Spektakel jeder Art, je lauter desto lieber! Alle Dinge werden daraufhin untersucht, welche Klänge sie von sich geben und auf klopfende, klappernde oder klingende Geräusche hin getestet. Alles Laute, Lärmende regt an, macht wach und ist auch ein Ventil für Spannungen, Wut und Ängste.
Vieles, was sich im Haushalt findet, ist für ein Krachmacherkonzert geeignet: Topfdeckel lassen sich aneinander schlagen, mit einem Kochlöffel kann man auf einem umgedrehten Topf Musik machen, einen Legostein auf einem Holzbrettchen hin- und herreiben. Verschiedene Küchenwerkzeuge lassen sich als Schlegel benutzen, die unterschiedlich klingen: Löffel und Gabeln aus Holz, Metall oder Kunststoff, Gummischaber, Flaschenöffner oder Schneebesen.
In der Kindergruppe bietet es sich an, eine kleine Auswahl von Krachmachern und einigen dazu passenden Schlegeln griffbereit in einer kleinen Holzkiste oder einer Spielzeugbox bereitzustellen. So sind die „Musikinstrumente" schnell zur Hand, wenn das kleine Orchester zu einem Kindergeburtstag oder einer anderen Gelegenheit in Aktion treten soll oder die Kinder Lust zum Musikmachen bekommen!

Großes Küchenorchester

Bei diesem Spiel können die Kinder ihre Lust am Krachmachen und ihre Bewegungsfreude voll ausleben. Auch finden sie schnell heraus, dass jedes Gefäß einen anderen Klang hat.

Das brauchen Sie:
Pro Kind ein Gefäß: Topf, Schüssel, Eimer, Blechdose, Einmachglas, Eierkarton, Blumentopf, Kochlöffel oder Schlegel. Für das akustische Signal brauchen Sie ein Tamburin.

Spielanregung:
Im Raum verteilt sind Töpfe, Schüsseln und Eimer mit der Öffnung nach unten. Jedes Kind bekommt einen Kochlöffel oder Schlegel. Die Kinder bewegen sich zwischen den Töpfen und anderen Gefäßen. Ein Schlag auf das Tamburin ist das Signal für die Kinder, dass sie sich eines der Gefäße aussuchen, um darauf Musik zu machen. Ertönt erneut das Signal, hört der Lärm sofort wieder auf und das Spiel beginnt von neuem.

Klapperkiste

Eine Holzkiste oder eine Spielzeugbox wird gefüllt mit Materialien, mit denen Geräusche und Klänge erzeugt werden können. Meist bedarf es keiner direkten Aufforderung für die Kinder. Der Inhalt der Kiste ist Motivation genug, um Gegenstände auszusuchen, aneinander zu schlagen und immer wieder neue Klang- und Tonvarianten auszuprobieren.
Als Materialien eignen sich Steine, Hölzer oder kurze Bambusstangen, Löffel aus Hartplastik oder Metall, Schlüssel, Fahrradglocke, mit unterschiedlichen Materialien gefüllte Dosen oder Plastikflaschen und anderes mehr.

Scheppernde Flasche

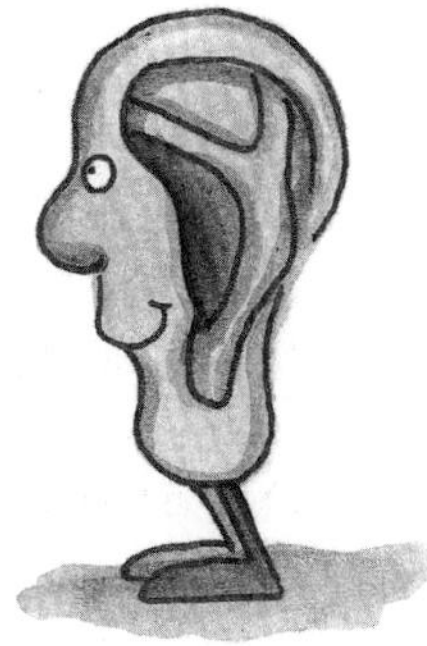

Das brauchen Sie:
Durchsichtige Plastikflasche mit Schraubverschluss, kleine Perlen und Knöpfe, extrastarker Kleber, selbstklebende große und kleine bunte Papierpunkte.

So wird's gemacht:
Saubere, trockene Plastikflasche bis zu einem Drittel mit bunten Perlen und Knöpfen füllen. Etwas Kleber in der Innenseite des Schraubverschlusses verteilen und Deckel wieder auf die Flasche schrauben. Punkte zur Verzierung über die Fläche der Flasche verteilt aufkleben.

Klingende Dosen

Kleine, leere Teedosen, Bonbondosen oder gut ausgewaschene Cremedosen lassen sich mit allerlei Füllungen ausstatten.

Das brauchen Sie:
Für die leiseren Geräusche: Sand, Tee, Reis, Zucker, Gewürze wie z. B. Nelken, Pfefferkörner, Fenchel, Kümmel usw.
Für die lauteren Geräusche: Bohnen, Linsen, zerbrochene Nussschalen, kleine Perlen, Knöpfe, Kronkorken oder andere kleine Metallgegenstände.

So wird's gemacht:
Dosen bis zu einem Drittel füllen und Dosendeckel mit einem bunten Gewebeklebeband gut verschließen. Wer mag, kann die Dose zuvor mit buntem Lack streichen.

Musikrolle

Eine große Rassel wie diese muss mit beiden Händen gleichzeitig festgehalten und bewegt werden. Das stimuliert nicht nur die Freude am Krachmachen, sondern regt auch dazu an, den ganzen Körper mit in Bewegung zu bringen. Manchmal erfinden die Kinder dazu eigene rhythmische Spiele: mit den Füßen stampfen, hopsen oder springen, sich drehen, strecken oder in die Hocke gehen. Kinder entdecken viele Möglichkeiten, wie sie Klang und Bewegung miteinander kombinieren können.

Das brauchen Sie:
Haushalts-Papprolle, selbst klebende Folie, als Füllmaterial eignen sich: Erbsen, Linsen, Nussschalen, Holzkugeln, kleine Astholzstückchen, Holzperlen, Gardinenringe, Kronkorken.

So wird's gemacht:
Schneiden Sie aus der Folie zwei Kreise, deren Durchmesser etwas größer ist als der der Rolle. Kleben Sie einen Kreis über eine Öffnung der Rolle. Füllen Sie nun die Rolle bis zu einem Drittel mit Linsen oder einem anderen Material. Schließen Sie die andere Öffnung ebenfalls mit der Klebefolie. Schneiden Sie dann ein rechteckiges Stück Folie zu (Länge und Umfang der Rolle) und kleben Sie es um die Rolle.

Schneebesen-Rassel

Dafür brauchen Sie einen Schneebesen und einen Tischtennisball. Schieben Sie den Ball durch die Stäbe des Schneebesens und fertig ist die Rassel.

Windspiel

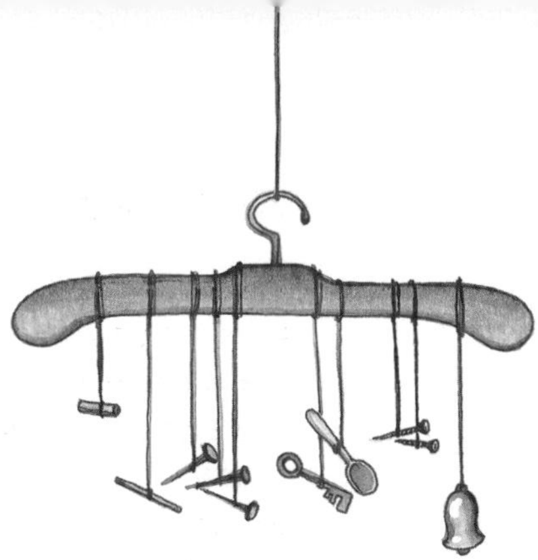

Die unterschiedlichsten metallenen Geräusche lassen sich erzeugen, wenn verschiedene Utensilien aus dem Alltag mit einem Bindfaden an einen Kleiderbügel aus Metall gehängt werden: Schlüssel, große Nägel oder Schrauben, Flaschenöffner, aufgefädelte Kronkorken oder aufgefädelte Schraubverschlüsse, Metallringe, Glöckchen, kleine Löffel oder Ähnliches. Im Herbst kann das Kleiderbügel-Klanginstrument auch an einem Ast im Baum befestigt werden. Geht der Wind durch die Äste, so bewegt er auch die Dinge an dem Bügel und lässt die einzelnen Teile aneinander schlagen. Es sind immer wieder neue Klänge und Töne zu hören.

Schlegel

Um einen Küchenlöffel mit Loch werden dicke Wollfäden gewickelt, bis das Loch ganz dicht ist. Binden Sie zum Schluss ein altes Taschentuch darum herum und befestigen Sie es gut am Löffelstiel – fertig ist ein selbst gemachter Schlegel.

Krachschlange

Wer erinnert sich nicht an den alten Kinderstreich, mehrere Konservendosen hintereinander auf eine Schnur zu fädeln, diese an der Stoßstange eines Autos zu befestigen und sich am Krach zu erfreuen, der dabei entsteht, wenn sich das Gefährt in Bewegung setzt? So eine Schlange kann man auch an ein Dreirad oder ein Tretauto binden und hinter sich herziehen. Die Löcher in den Konservendosen macht man am besten mit einem kleinen Handbohrer oder dem Milchdosenöffner.

Klangstäbe

Die Konstruktion der Klangstäbe erfordert einiges an handwerklichem Geschick und Erfahrung.

Das brauchen Sie:
Kupfer- und Stahlrohre in unterschiedlicher Dicke, eine ausgediente Fahrradfelge, stabile Paketschnur, zwei Stahlketten, Schlegel aus dem Orff-Instrumentarium.
Werkzeug: Eisensäge, Stahlbohrer, einen dicken Haken zum Eindübeln.

So wird's gemacht:
Sechs bis sieben Rohre in Längen von 20 bis 45 cm zusägen. In das obere Ende der Rohre zwei sich gegenüberliegende Löcher bohren. Durch diese Löcher die Paketschnur ziehen und gut verknoten.
Die einzelnen Rohre gleichmäßig verteilt in die Fahrradfelge hängen und gut befestigen. Die beiden Stahlketten auf gleiche Länge zuschneiden und an vier Stellen am Fahrradreifen anbringen. Haken in die Decke dübeln, Fahrradfelge mit den Klangstäben daran aufhängen. Die Schlegel sollten sich in der Nähe der Klangstäbe befinden, damit die Kinder die Klangstäbe erklingen lassen können, wann immer sie Lust dazu haben.

Einfache Zupfinstrumente

Von einem stabilen Karton wird der Deckel entfernt. In den oberen Rand werden im Abstand von 4 bis 5 Zentimetern Löcher gebohrt. Durch diese wird Hutgummi gezogen. So entstehen etwa sechs bis sieben Saiten. Werden diese unterschiedlich straff gespannt, so ergeben sich auch unterschiedliche Töne. Oder aber man zieht eine Holzkugel auf ein Gummiband und spannt dies in einen offenen, stabilen Schuhkarton. Die bunte Holzkugel regt zum Zupfen an und man kann den dabei entstehenden Schwingungen lauschen.

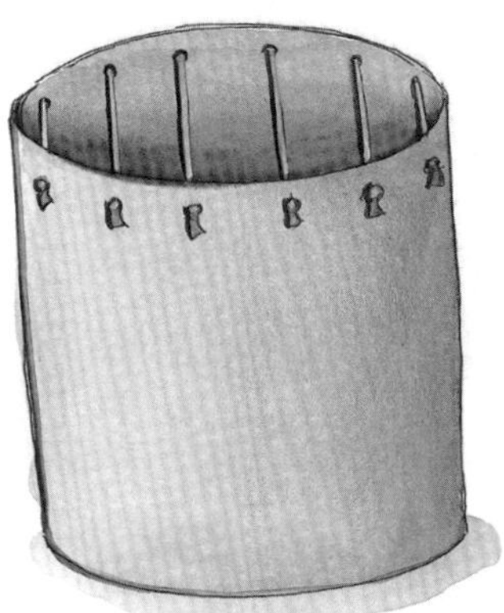

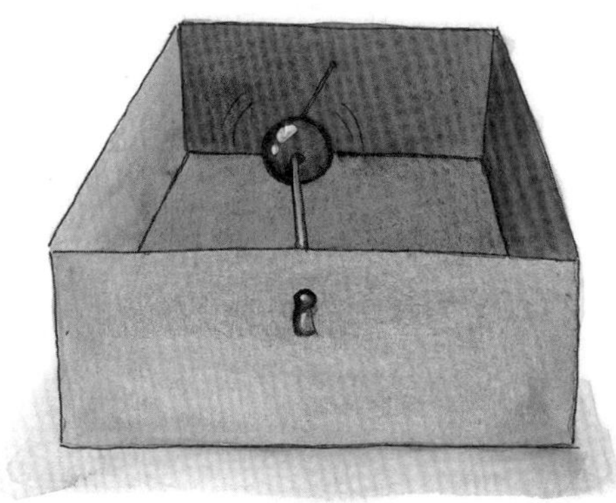

Alles Wasser

Wasser zieht Kinder magisch an und mit Begeisterung wird darin geplantscht und gespielt. An heißen Sommertagen dient das kühle Nass der Erfrischung und Erholung und beim täglichen Baden erlebt das Kind die wohltuende Wärme und entspannende Wirkung des Wassers. Kinder entdecken das Wasser mit all ihren Sinnen, sie spielen und experimentieren damit und lernen dabei seine Eigenschaften und Besonderheiten kennen. So macht es Spaß, mit den Händen auf das Wasser zu patschen oder dieses durch die Finger rinnen zu lassen. Das Kind findet ganz von selbst heraus, dass es mit Strampeln und Treten Wellen erzeugen und durch Pusten ein Schifflein oder eine Schwimmente auf dem Wasser bewegen kann. Mit Materialien, die sich in jedem Haushalt befinden, lassen sich weitere Spiele im Wasser anregen. Diese sind das ganze Jahr über möglich, in der kühlen Jahreszeit in der Wanne im Haus und im Sommer draußen im Plantschbecken. Auf dem gefliesten Boden im Badezimmer oder in der Küche ist es nicht weiter tragisch, wenn Wasser verschüttet wird. In Kindertageseinrichtungen lohnt sich die Anschaffung einer Wasserspielwanne, die in der kühleren Jahreszeit im wohl temperierten Waschraum aufgestellt wird.

Schneit es endlich, hält Kinder nichts mehr im Haus. Da werden Schneeflocken gefangen und beobachtet, wie die Schneekristalle auf der warmen Haut schmelzen. Liegt genügend Schnee, gibt es nichts Schöneres, als damit zu spielen und zu gestalten. Und gefrieren Wasserpfützen zu Eis, macht es einen Riesenspaß, darauf zu rutschen. An manch kalten Wintertagen bilden sich über Nacht Eiszapfen an Dachrinnen und Eisblumen an Fenstern zum Erstaunen und zur Freude der Kinder.
Schnee und Eis ist ein Material, das zum Erforschen, Experimentieren, fantasievollen Spielen und Gestalten geradezu einlädt.

Spiele mit Wasser

Spiele in der Badewanne

Kinder können sich sehr lange und ideenreich mit einem Material beschäftigen. Lässt das Interesse daran nach, kann ein anderer Gegenstand zum Spielen das Interesse wieder wecken!

Welche Alltags- und Spielmaterialien eignen sich für die Wanne?
Leere Plastikflaschen, Tischtennisbälle, Plastiktopfkratzer, Korken, leere, saubere Plastikbecher, Schwämme, Schwimmente, Schiffchen, Behälter von Überraschungseiern.

Was lässt sich mit den Materialien im Wasser anfangen?
Plastikflasche: Flasche untertauchen und dabei die herausblubbernde Luft beobachten, Wasser hineinfüllen und wieder ausgießen.
Tischtennisbälle, Behälter von Überraschungseiern, Korken: Gegenstände unter Wasser drücken und wieder hochschnellen lassen, von einem Ende zum anderen pusten.

Topfkratzer: Bunte Plastiktopfkratzer eignen sich als schwimmende Inseln zwischen Schaumbergen und für Pustespiele.
Schwämme: Mit dem Schwamm Wasser aufsaugen und ausdrücken.
Becher: Wasser schöpfen und ausgießen, breite Becher werden zu Schifflein, die zu den Schauminseln schwimmen.

Was schwimmt?

Das brauchen Sie:
Plantschbecken oder Wanne mit Wasser, verschiedene Gegenstände: Korken, Tischtennisbälle, Schwämme, leere Dosen, Dosendeckel, Sandförmchen, leere Plastikflaschen, Topfkratzer, Bauklötze, verschiedene Papiersorten, Knete.

Spielanregung:
Die Kinder befördern verschiedene Dinge in das Wasserbecken. Interessiert beobachten sie, dass einige davon sofort im Wasser versinken, andere sich erst langsam mit Wasser voll saugen und dann untergehen und wiederum andere auf der Oberfläche schwimmen. Etwas ältere Kinder haben Spaß an einem Ratespiel. Mischen Sie die schwimmenden und nicht schwimmenden Teile. Heben Sie einen Gegenstand nach dem anderen hoch und fragen Sie: „Schwimmt das oder schwimmt das nicht?" Danach probiert das Kind aus, ob es richtig geraten hat oder nicht.
Spannend sind auch kleinere Experimente. So versinkt beispielsweise eine Kugel aus Knete. Formt man aus dieser aber ein Schifflein, schwimmt es auf dem Wasser. Oder aber die Kinder beladen eine auf dem Wasser schwimmende Dose mit allerlei kleinen Gegenständen und beobachten, was passiert. Dabei machen sie die Erfahrung, dass sie die Ladung gleichmäßig in der Dose verteilen müssen, damit diese nicht kentert. Ist der Inhalt zu schwer ist, sinkt die Dose auf den Grund.

Plitsch-platsch-Wasserspaß

Text und Musik: Hanne Viehoff

Gesprochen: „Zsch zsch zsch zsch!"

2. Plitsch, platsch, Wasserspaß,
wir spritzen uns die Füße nass;
die Hände und die Arme auch,
mit dem langen Gartenschlauch:
Zschzschzschzsch!

Kann man im Sommer an Schlechtwettertagen einmal nicht ins Freie, will aber die Erinnerung an das Spritzvergnügen wach halten, dann dient ein festes Seil als „Wasserschlauch". Alle Kinder halten es mit den Händen fest und „spritzen" sich gegenseitig, im Rhythmus des Textes und mit den Füßen stampfend, ab: „Zschzschzsch!"

Angelspiel

Das brauchen Sie:
Plantschbecken oder große Wanne, Schöpfkelle, Küchensieb in verschiedenen Größen und Ausführungen, Dinge, die schwimmen wie Korken, Tischtennisbälle, Topfkratzer, Schwimmenten, leere Hüllen von Überraschungseiern.

Spielanregung:
Während die Jüngsten lieber die Hände zum Angeln benutzen, macht es den größeren und schon geschickteren Kindern Spaß, mit allerlei Gerät die Dinge im Plantschbecken oder der Wanne zu angeln.
Wie lange es wohl dauert, bis das Becken leer gefischt ist?

Blubberkonzert

Das brauchen Sie:
Schüssel, Wasser, Trinkhalm oder dünnen Plastikschlauch.

So wird's gemacht:
Füllen Sie eine Schüssel mit Wasser und geben Sie den Kindern einen Halm oder Schlauch zum Hineinblasen. Achten Sie darauf, ob die Kinder blasen oder trinken. Schon die Jüngsten können üben und haben Spaß am Blubbern.
Variation für Kinder ab 4 Jahre: Geben Sie ca. einen Esslöffel Spülmittel in das Wasser. Es entstehen beim Blasen die tollsten Blubberberge.

Schaum schlagen

Füllen Sie eine Schüssel zu einem Viertel mit Wasser und geben Sie einige Tropfen Spülmittel hinein. Geben Sie dem Kind einen Schneebesen in die Hand. Je mehr es rührt, desto mehr Schaum entsteht und das Resultat sind strahlende Kinderaugen.

Wasserstempelbilder

Dieses Spiel ist vor allem dann lustig, wenn mehrere Kinder mitmachen. Als Spielfläche braucht man einen Stein- oder Betonboden. Beginnen Sie das Spiel, indem Sie Ihre Hände in der bereitstehenden Wanne nass machen und auf dem Steinboden abdrücken. Sicher wollen das einige Kinder auch probieren. Dabei kann man die verschieden großen Hände vergleichen. Vielleicht will ein Kind wissen, wie die Wasserstempelbilder seiner Füße aussehen. Und ein fröhliches Experimentieren beginnt.

Spritzvergnügen

Es lohnt sich, leere Spülmittelflaschen und Sprühflaschen von Haushaltsreinigern zu sammeln, da man mit diesen zum großen Vergnügen der Kinder Wasser spritzen kann. Die Flaschen werden gut gereinigt und von den Resten des Reinigungsmittels befreit. Das Etikett löst sich im lauwarmen Wasser oder aber man beklebt die Flasche mit bunter Folie. Während das eine Kind größten Spaß daran hat, mit der Flasche herumzuspritzen, findet das andere möglicherweise heraus, dass es Wasserbilder auf den Steinboden malen kann.

Wellenspiel

Eine Malerplane kann wie ein Schwungtuch bewegt werden und die Kinder können damit sanfte und starke Wellen erzeugen. Die durchsichtige Plane wird auf die entsprechende Größe zugeschnitten und entfaltet. Nun können sich Kinder und Erwachsene um die Plane herum verteilen und sie am Rand festhalten. Mit einer Geschichte steuern Sie die Bewegungen der Kinder. Erzählen Sie den Kindern, dass in ihrer Mitte ein großes Meer oder ein See liegt und der Wind die Wellen sanft kräuselt. Die Plane wird zunächst ganz behutsam bewegt und die Kinder beobachten die sich bildenden Wellen. Der Wind wird stärker, Sturm kommt auf und die Wellen werden höher und höher. Allmählich werden die Bewegungen heftiger und es entstehen hohe Wellenberge. Besonders reizvoll wird das Spiel für die Kinder, wenn ein wenig Wasser auf die Plane gegossen wird. Sie können nun die Bewegung des Wassers verfolgen und müssen aufpassen, dass es nicht über die Plane hinausschwappt. Das erfordert eine gute Hand-Auge-Koordination. Als abschließenden Höhepunkt kann die Plane gemeinsam nach oben geschleudert werden und alle Kinder bekommen ein wenig von dem Nass ab. Signal dafür ist folgender Spruch: „Plitsch, platsch, platsch, wir werden alle nass!“

Wasserballon

Ein Wasserballon lässt sich knuddeln, drücken, werfen. Der Ballon sollte eine gute, feste Qualität haben, damit er nicht so leicht platzt. Stecken Sie in die Öffnung eines Luftballons einen Trichter oder ziehen Sie das Mundstück des Ballons über einen Wasserhahn. Nun füllen Sie soviel Wasser ein, bis der Ballon einen Durchmesser von etwa 5 cm hat und verknoten ihn dann.

Spritzsack

Eine Gefriertüte wird mit Wasser gefüllt und fest verknotet. Mit einer Nadel werden viele Löcher in den prall gefüllten Beutel gestochen. Drückt man den Beutel, spritzt es aus allen Löchern. Selbstverständlich wird dieses Spiel im Freien gespielt.

Seifenschaumbilder

Aktionen wie diese lassen sich am besten in der warmen Jahreszeit im Garten oder in einem wohltemperierten Raum kurz vor dem Duschen oder Baden durchführen. Beim ausgelassenen Experimentieren mit dem Schaum wird meist nicht nur die Plane, sondern auch der Körper eingeseift und somit die Lust am Matschen voll ausgelebt.

Das brauchen Sie:
Große Plastikplane, Rasierschaum, evtl. Eimer mit Wasser und Handtücher zum Reinigen.

So wird's gemacht:
Die Plane wird auf dem Boden ausgerollt und mit Rasierschaum an einigen Stellen besprüht. Meist braucht es kaum Spielanregungen, da das Material selbst großen Aufforderungscharakter hat. Die Kleinen nehmen den Schaum in die Hände und untersuchen ihn genauer, sie verteilen ihn auf der Fläche, malen mit dem Finger Muster in den Schaum, verschmieren ihn wieder und beginnen von vorn.

Seifenblasen

Buntschillernde Seifenblasen fesseln schon ganz kleine Kinder. Sie regen zum Staunen und Bewegen an. Es macht großen Spaß, den vom Wind getriebenen Seifenblasen hinterher zu jagen. Mit großer Ausdauer versuchen die Kleinen, eine dieser hauchzarten Glitzerkugeln zu erhaschen.

Rezept für Seifenblasen

Seifenblasen entstehen aus einer Lauge, die man selbst herstellen kann. Das macht nicht nur Spaß, sondern ermuntert die Kinder auch zum Experimentieren.

Das brauchen Sie:
1 l warmes Wasser, 4 Esslöffel Glyzerin (Apotheke), 4 Esslöffel flüssiges Spülmittel.

So wird's gemacht:
In einer Schüssel Zutaten gut vermischen und dann ausprobieren, ob die Seifenblasen gelingen. Die Lauge soll so beschaffen sein, dass sie sich als Film über den Seifenblasenring legt. Ist dies nicht der Fall, muss die Mixtur mit etwas mehr Glyzerin oder Spülmittel versehen werden.

Seifenblasenring

Riesige Seifenblasen können mit einem selbst geformten Ring gezaubert werden. Der mehrfach mit Wolle umwickelte Drahtring von etwa 20 cm Durchmesser wird in einen ausreichend großen, flachen Blumenuntersetzer getaucht. Über dem Ring bildet sich ein Film, der beim Herausnehmen allein durch die Armbewegung große Seifenblasen entstehen lässt.

Das brauchen Sie:
Kräftigen Blumendraht, dicken Wollfaden.

So wird's gemacht:
Aus Blumendraht einen Ring mit Griff formen. Ring mit Wolle dicht umwickeln, damit die Seifenlauge daran haften kann.

Fingerspiel: Große, kleine Seifenblasen

Große, kleine Seifenblasen	*Mit beiden Händen Kugeln andeuten.*
schweben über grünen Rasen.	*Gestreckten Arm von links nach rechts und umgekehrt.*
Rosa, lila und auch grau	*Auf Kleidung oder Dinge in diesen Farben zeigen.*
tanzen sie im Himmelsblau.	*Beide Arme führen tanzende Bewegungen aus.*
Und willst du sie fangen, Kind,	*Mit beiden Händen das Fangen andeuten.*
trägt sie fort der Wind.	*Aus vollen Backen pusten.*

Schmierseifenrutsche

Bei heißem Wetter und bei Sommerfesten ist dieses Angebot sicher „der Hit“ bei den Kindern. Sie brauchen dazu ein abschüssiges Gelände im Garten, auf dem die Kinder hinabrutschen können.

Das brauchen Sie:
Für die Rutschbahn: Große reißfeste Plastikfolie, Schmierseife und viel Wasser.
Für die Kinder: Badebekleidung, Handtücher.

So wird's gemacht:
Plastikfolie auf dem abschüssigen Gelände auslegen und anschließend mit Schmierseife und Wasser einseifen. Danach kann nach Herzenslust gerutscht werden. Nach Beendigung der Aktion Folie mit Wasser reinigen oder ordnungsgemäß entsorgen.
Um unangenehmes Hautjucken zu vermeiden, sollten Kinder, die sich nicht mehr beteiligen, die Seife vom Körper abwaschen.

Spielen und Gestalten mit Eis und Schnee

Damit die Kinder bei winterlichen Temperaturen nicht frieren, tragen sie am besten Schneeanzüge und Handschuhe. Für alle „Frostnasen" steht heißer Früchtetee oder Kinderpunsch in Thermoskannen bereit.

Schnee und Eis

überliefert

Beobachtungen mit Schnee

Das brauchen Sie:
Schüssel mit frisch gefallenem Schnee, Handtuch, Aufwischtuch.

Spielanregung:
Jedes Kind greift in die Schüssel und nimmt sich eine Handvoll Schnee, riecht daran, spürt die Kälte auf der Haut. Interessiert beobachten die Kinder, wie lange es dauert, bis der Schnee schmilzt und eine Pfütze bildet.

Meine Spuren im Schnee

Das brauchen Sie:
Frisch gefallener Schnee, Kinderstiefel, verschiedene ungiftige Farben, Malerpinsel, Wasser und Bürste zum Reinigen der Stiefel, Fotoapparat.

Spielanregung:
Bevor auf die Sohlen Farbe kommt, hinterlassen Sie und das Kind ihre Spuren auf dem unberührten Schnee. Sind mehrere Kinder beteiligt, zieht jedes Kind seine eigene Spur. Im Anschluss werden Schuhgrößen und die unterschiedlichen Muster der Sohlen verglichen.
Zur Freude der Kinder werden nun die Sohlen der mitgebrachten Stiefel mit Farbe eingepinselt. Sie gehen damit über die Schneefläche und hinterlassen ihre bunten Spuren, Fußabdrücke begegnen oder kreuzen sich. Je länger der Weg ist, desto mehr verblasst die Farbe.
Am Ende ähnelt das Ganze einem abstrakten Gemälde, das selbstverständlich mit der Kamera festgehalten wird.

Kunterbunte Schneefamilie

Es ist eigentlich nicht einzusehen, warum Schneemänner immer weiß sein müssen. Mit ein wenig Farbe sieht ein Schneemann viel lustiger aus.

Das brauchen Sie:
Schnee, Eimer, Schaufeln, Fingerfarben, Schüsseln.

So wird's gemacht:
Nachdem Sie gemeinsam einen Schneemann gebaut haben, mischen Sie zusammen in Schüsseln kleine Mengen Schnee mit Fingerfarben, bis er durchgefärbt ist. Ein Schneemann mit blauen Augen, roten Wangen, rotem Mund und bunten Knöpfen sieht lustig aus und wird die Herzen der Kinder erobern. Vielleicht gesellen sich an den folgenden Tagen zum Schneemann noch eine Schneefrau und Schneekinder.

Schneewindlichter

Das brauchen Sie:
Ausreichend frisch gefallenen Schnee, Teelichter, Anzünder.

So wird's gemacht:
Formen Sie gemeinsam mit den Kindern unterschiedlich große Schneebälle und setzen Sie oben ein Teelicht hinein. Zünden Sie die Lichter an, bevor es taghell ist oder am Abend in der Dämmerung. Dann ist die Wirkung am eindruckvollsten. Durch die entstehende Hitze schmilzt der Schnee und das Licht sinkt ein wenig in die Schneekugel ein. So entsteht ein wunderschöner Effekt, da das Licht durch den Schnee hindurch leuchtet.

Schatzsuche im Schnee

Das brauchen Sie:
Schnee, kleine Gegenstände, denen Wasser nichts anhaben kann, wie Mini-Bälle, Murmeln oder Sandförmchen.

So wird's gemacht:
Die Kinder bauen gemeinsam einen großen Schneeberg, in dem Sie die „Schätze" verstecken. Ist das geschehen, beginnen die Kinder im Schneeberg nach diesen zu wühlen, bis alle gefunden sind. Das ist lustig und motiviert die Kinder zu weiterführenden Aktionen. Sandförmchen braucht man zum Schneekuchen Backen, Bälle und Kugeln für eine Murmelbahn aus Schnee.

Eisblumen zaubern

Kinder haben heute nur noch selten Gelegenheit, „Eisblumen" an Fensterscheiben zu bewundern, da diese gut isoliert sind.

Das brauchen Sie:
Kleine Glasscheiben, Wasser, kleine Gießkanne, Kieselsteine, Minustemperaturen.

So wird's gemacht:
Glasplatte auf Kieselsteine legen, damit diese am Boden nicht festfriert. Etwas Wasser auf die Glasflächen gießen und gefrieren lassen.

Bausteine aus Eis

Das brauchen Sie:
Minustemperaturen, verschiedene Gefäße wie Joghurtbecher, geköpfte Plastikflaschen, aufgeschnittene Tetrapackkartons, Eiswürfelbehälter, Sandförmchen, Wasser, Wanne mit heißem Wasser.

So wird's gemacht:
Gefäße mit Wasser füllen und so lange in die eisige Kälte stellen, bis die Flüssigkeit darin gefroren ist. Die Eisformen lösen sich, wenn die Behälter kurz in heißes Wasser getaucht werden. Auf einer großen Schneefläche gestalten die Kinder mit den Eisbausteinen ein Werk nach ihren Vorstellungen. Steigen die Temperaturen an, beobachten die Kinder, wie das Eis langsam schmilzt und schließlich Pfützen hinterlässt. Doch bevor es so weit ist, wird das „Kunstwerk" fotografiert.
Hinweis: Wünschen die Kinder ein buntes Bauwerk, kann das Wasser mit verschiedenen ungiftigen Lebensmittel- oder Fingerfarben eingefärbt werden.

Eisbären

Das brauchen Sie:
Minustemperaturen, Gummibärchen, kleine Joghurtbecher, Wasser, Schälchen.

So wird's gemacht:
Frieren Sie pro Mitspieler ein Gummibärchen in einem Becher Wasser ein. Dazu füllen Sie den Becher zunächst halb voll und lassen das Wasser gefrieren. Legen Sie dann das Gummibärchen hinein und füllen Sie den Becher voll mit Wasser. Stellen Sie dann den Becher ins Freie oder den

Gefrierschrank, bis das Wasser gefroren ist. Lösen Sie die Eisklötze aus dem Becher, in dem sie diesen kurz in heißes Wasser tauchen. Stellen Sie dann die „Eisbären" in ein Schälchen in die Sonne. Die Kinder beobachten gespannt, welcher Bär zuerst frei ist.

Schneetorte

Eine Torte ganz aus Schnee ist für ein improvisiertes Schneefest oder einen Kindergeburtstag mit Sicherheit eine originelle Idee. Belegt mit Süßigkeiten dauert es sicher nicht lange, bis sie von den Kindern geplündert wird.

Das brauchen Sie:
Eimer, Schaufeln, Sandförmchen, Schüssel, Fingerfarben, Teelichter oder Kerzen, Konfekt.

So wird's gemacht:
Aus Schnee eine große Torte formen. In Schüsseln Schnee in verschiedenen Farben färben und in die Sandförmchen geben. Schneetorte mit den bunten Minitörtchen verzieren, Konfekt rundherum in die Schneetorte drücken und Teelichter oder Kerzen in den Schnee setzen.

Buddeln und Bauen

Das schönste Spielmaterial für Kinder ist Sand. Hingebungsvoll schaufeln, graben, schütten, matschen und bauen Kinder im Sandkasten oder in den Ferien am Strand. Selbst ohne jegliches Spielmaterial macht das Spiel mit Sand Freude; die Hände sind dann das wichtigste Werkzeug. Sie graben Löcher, türmen Berge auf, glätten den Sand. Die Finger rechen den Sand und bohren kleine Löcher hinein. Die Faust kann den Sand klopfen und festdrücken. Welchen Spaß macht es, trockenen Sand durch die Finger rieseln zu lassen, mit feuchtem Sand zu kneten und zu formen oder mit bloßen Füßen durch weichen, kühlen Matsch zu laufen! Sandspielzeug erweitert die Spielmöglichkeiten. Zum klassischen Material gehören Eimer, Schaufel, Sieb und Kuchenförmchen. Damit beschränkt sich das Sandspiel meist nur auf das Kuchenbacken. Kinder brauchen für ihre zahlreichen Spielideen zusätzliches Material. Vieles davon findet sich im Haushalt oder kann im Freien gesammelt werden. Ein in der Nähe des Sandkastens vorhandener Wasseranschluss oder eine aufgestellte Wanne mit Wasser und einige Gefäße zum Wassertransport machen das Sandspiel besonders attraktiv. Aus Wasser und Sand lassen sich verschiedene Breie anrühren, die anders als trockener Sand verarbeitet werden können.

Damit die Kinder auch an Schlechtwettertagen und im Winter nicht auf das begehrte Sandspiel verzichten müssen, lohnt sich in einer Kindertagesstätte die Anschaffung eines Tischsandkastens für den Gruppenraum.

Erste Erfahrungen mit Sand

Das brauchen Sie:
Sandkasten mit Sand, Wasser, Gießkanne, Eimer oder ausgedienten Topf.

Spielanregungen:
Beobachten Sie, was das Kind tut und greifen Sie sein Spiel auf, indem Sie das Gleiche tun. Geben Sie von Zeit zu Zeit neue Anregungen. Sie machen etwas vor und das Kind wird Sie nachahmen wollen.

Machen Sie vor, wie man trockenen Sand durch die Finger rieseln lässt. Nehmen Sie sich eine Handvoll Sand und blasen Sie ihn vorsichtig weg. Achten Sie darauf, dass dabei kein Sand in die Augen gelangt. Lassen Sie Ihre Hand oder Ihren Fuß im Sand verschwinden. Anschließend kommt das Kind an die Reihe. Welch ein Spaß, wenn die Hand wieder zum Vorschein kommt! Oder graben Sie gemeinsam ein tiefes Loch in den Sand. Das Kind wird feststellen, dass sich der Sand an der Oberfläche trocken und der Sand tief unten feucht anfühlt. Füllen Sie eine Gießkanne mit Wasser und das Kind wird freudig den Sand gießen. Gehen Sie beide mit nackten Füßen über den feuchten Sand. Stellen Sie einen Eimer oder Topf bereit. Mit viel Wasser und Sand kann das Kind daraus einen Brei rühren.

Sandspielzeug

Beim Kauf von Sandspielzeug ist auf gute Qualität zu achten. So sollte der Eimer aus Plastik nicht gleich brechen, wenn sich das Kind darauf setzt oder der Henkel nicht ausreißen, wenn der Eimer mit Sand gefüllt transportiert wird. Außerdem darf das Spielzeug nicht scharfkantig sein, um Verletzungen auszuschließen. Während sich die Jüngsten noch mit dem klassischen Sandspielzeug begnügen, entwickelt sich bei den älteren Kindern fantasievolles Spiel durch zusätzliches Material.

Materialien, die sich eignen
Eimer, Schaufel, Sandsieb, Sandformen, kleiner Rechen, Sandpatscher, Spielzeugautos, Spielzeug-Bagger, Kipplaster, kleine Spielfiguren, ausgedienter Zuckerstreuer, Löffel, Teesieb, Puppennudelholz, Stöckchen, kleine Bretter, Steine, Folie, Gießkanne, Plastikbecher, ausgediente Töpfe und Schüsseln.

Wie kann das Material verwendet werden?
Transport von Wasser: Eimer, Gießkanne, Plastikbecher
Sieben: Sandsieb, ausgedienter Zuckerstreuer, Teesieb zum Herstellen von Puderzucker
Schaufeln und Graben: Sandschaufeln in unterschiedlichen Größen, kurzen und langem Stiel, Löffel, Spielzeug-Bagger
Auf- und Entladen: Kipplaster
Backen und Kochen: Sandförmchen, Plastikbecher, alte Töpfe und Schüsseln, Kochlöffel, Löffel, Teesieb
Glätten und Rechen: Nudelholz, Papprolle, Brettchen, Rechen
Zum Bauen: Schaufel, Eimer
Zum Glattklopfen: Sandpatscher
Zum Walzen: Nudelholz
Zum Brückenbau: Brettchen
Zum Ausgestalten der Landschaft: Spielzeugautos, Spielzeugfiguren, Steine, Stöckchen, Tannenzapfen, Blätter, Wildfrüchte

Murmelsandbahn

Das brauchen Sie:
Sand, Schaufel, Wasser, Gießkanne, Murmeln.

Spielanregung:
Die Kinder häufen Sand zu einem großen Hügel auf und befeuchten ihn aus der mit Wasser gefüllten Gießkanne. Dann klopfen sie mit den Händen oder der Schaufel den Sandhügel fest. Entlang des Sandbergs formen die Kinder eine Murmelbahn mit leichtem Gefälle. Diese kann gerade oder noch besser gewunden von der Spitze des Hügels nach unten verlaufen. Noch interessanter wird die Bahn, wenn sie durch den einen oder anderen kleinen Tunnel führt. Ist die Murmelbahn fertig, kann der

erste Probelauf mit einer Murmel beginnen. Sie wird auf die Spitze des Sandberges gelegt, leicht angeschubst und rollt dann die Bahn hinunter. Klappt dies noch nicht so ganz, müssen die kleinen oder großen „Baumeister" nachbessern.

Mal es in den Sand!

Dieses Spiel regt das Kind zu immer neuen Ausdrucksformen an. Zu beobachten ist auch, dass schon kleine Kinder zu großer Konzentration fähig sind und die intensive Beschäftigung mit dem Material zu innerer Ruhe und Entspannung führen kann.

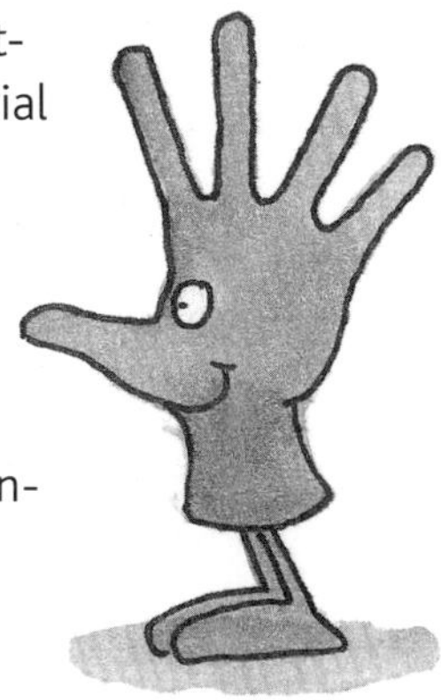

Das brauchen Sie:
Als Gefäß für den Sand eignen sich: ausgedientes Backblech, Aluschale, tiefes Tablett, großer Blumenuntersetzer.
Weitere Materialien: Sand, Regenbogenbuntpapier, Kinder-Kuchenrolle, Igelball, kleiner Rechen, alter Kamm (mit groben Zinken), Plastikgabel, Sandförmchen, Stöckchen.

Spielanregung:
Der Boden des Backblechs wird mit Regenbogenbuntpapier ausgelegt. Verteilen sie darauf gleichmäßig den Sand bis zu einer Höhe von etwa einem halben Zentimeter.
Zunächst weckt der Sand selbst das Interesse des Kindes. Es wird ihn in die Hände nehmen, ihn durch die Fingern rieseln lassen, von einer Hand in die andere schütten und ganz von selbst entdecken, dass es mit dem Finger Spuren ziehen kann. Es wird sich immer wieder neue Formen ausdenken und Striche, Kreise, Spiralen oder Kurven in den Sand zaubern. Dabei entdeckt das Kind das bunte Papier, das beim Malen im Sand zum Vorschein kommt. Mit einer Kinder-Teigrolle lässt sich der Sand immer wieder glätten.

Einen neuen Spielanreiz geben Sie dem Kind, wenn Sie zusätzliches Material zur Verfügung stellen. Mit einem Igelball kann man ein Muster in den Sand rollen, mit einem kleinen Rechen, einem alten Kamm oder einer Plastikgabel feine Linien ziehen, mit Sandförmchen Ornamente drucken und mit einem Stöckchen malen und schreiben.

Wasser und Sand im Schüttelglas

Im Schüttelglas kann das Kind genau verfolgen, wie die kleinen Sandkörner im Wasser umherwirbeln und dann langsam zu Boden sinken. Eine Muschelschale oder ein kleiner Plastikfisch lassen die Illusion einer Unterwasserwelt aufkommen.

Das brauchen Sie:
Glasgefäß mit Schraubdeckel, Klebeband, Meeres- oder Vogelsand, Muscheln oder Plastikfisch.

So wird's gemacht:
Das Glas bis zu einem Viertel mit Sand und dann randvoll mit Wasser auffüllen. Die Muschel oder den Plastikfisch hineinlegen. Das Glas mit dem Deckel fest verschließen und mit einem Klebeband zusätzlich sichern, damit es nicht geöffnet werden kann.

Sandklebebilder

Auf einem etwas festeren Papier oder Karton zieht das Kind mit Kleister seine Spuren. Dann lässt es feinen, trockenen Sand darüber rieseln. Ist der Kleber trocken, ist auch auf den Klebespuren der Sand fixiert. Jetzt kann der restliche Sand vom Blatt geschüttelt werden und zur großen Überraschung des Kindes kommt ein Sandbild zum Vorschein.